《围棋与名城》丛书

# 围棋与北海

北海市旅游文体局　编

山西出版传媒集团　书海出版社

**图书在版编目（CIP）数据**

围棋与北海 / 北海市旅游文体局编 .—太原：书海出版社，2022.12
（围棋与名城丛书）
ISBN 978-7-5571-0089-6

Ⅰ.①围… Ⅱ.①北… Ⅲ.①围棋－体育文化－北海市 Ⅳ.①G891.3

中国版本图书馆 CIP 数据核字（2022）第 210072 号

**围棋与北海**

编　　者：北海市旅游文体局
责任编辑：魏美荣
复　　审：崔人杰
终　　审：贺　权
装帧设计：谢　成

出 版 者：山西出版传媒集团 · 书海出版社
地　　址：太原市建设南路 21 号
邮　　编：030012
发行营销：0351-4922220　4955996　4956039　4922127（传真）
天猫官网：https://sxrmcbs.tmall.com　电话：0351-4922159
E - mail：sxskcb@163.com　发行部
　　　　　sxskcb@126.com　总编室
网　　址：www.sxskcb.com

经 销 者：山西出版传媒集团 · 书海出版社
承 印 厂：山西出版传媒集团 · 山西人民印刷有限责任公司

开　　本：720mm×1020mm　1/16
印　　张：15.75
字　　数：290 千字
版　　次：2022 年 12 月　第 1 版
印　　次：2022 年 12 月　第 1 次印刷
书　　号：ISBN 978-7-5571-0089-6
定　　价：70.00 元

# 《围棋与名城》丛书编委会

# 《围棋与北海》编委会

# 前　言

组织全国各地的围棋协会，编写出版反映各地著名城市的围棋历史、文化、人物、故事和发展现状的系列丛书，是新一届中国围棋协会为深入学习贯彻习近平总书记重要指示所抓的大型围棋文化工程。2004年10月，习近平同志在浙江省衢州市调研时首次提出“围棋文化”的概念，并明确指出：“围棋文化要进一步提高运作水平，开展一些有影响的活动。”这是迄今党和国家主要领导人关于加强围棋文化建设的明确指示要求，具有重要而深远的指导意义。编写《围棋与名城》丛书，正是按照习总书记的要求，自觉坚守中华文化立场，挖掘、传承、弘扬围棋文化，讲好中国围棋故事的实际行动。

《围棋与名城》丛书旨在挖掘、整理全国各地有价值、有特色的围棋文化，讲好当地围棋故事，使之成为城市的一张特殊名片。丛书是一项基础性、系统性、开创性的文化工程，是全国围棋文化建设的重要组成部分，它的重要意义在于：第一，是推动围棋文化全面发展的基础性工作。围棋文化的发展方向众多，其中一项基础性工作，即地方围棋文化的挖掘、整理、研究。这项工作过去没有系统地、有组织地进行过。在围棋事业快速、多样化发展的今天，这种基础性工作越来越显示出它的重要性和必要性。第二，是国家围棋文化建设与地方围棋文化建设相结合的工程。讲好中国围棋故事是讲好中国故事的重要组成部分，中国围棋故事是由各地围棋故事组成的。第三，是推动中国围棋名城建设的品牌性、标志性项目。我们要打造围棋名城，首先要把名片做好，一本既有史料价值又有指导意义的围棋书就是金名片。第四，是实现围棋文化成果与人才培养双丰收的根本性措施。围棋文化要出成果，更要出人才。围棋文化人才潜在的数量很大，编写《围棋与名城》是对各地围棋文化人才的一次发现、检验、提高，有利于建设中国围棋文化人才库。

《围棋与名城》有明确的定位。一是围棋形态的史志书；二是当地领导者、围棋工作者、围棋教育者、围棋爱好者使用的教科书；三是方便查询、方便使用、方便宣传、方便传播的工具书；四是本城市作为“围棋名城”的说明书；五是讲好当地围棋故事、具有可读性的故事书。

丛书各册主要包括四方面内容：第一，历史。围棋在本地发展的历史脉络；第二，文化。围棋在本地发展过程中形成的独特文化以及与文学、书画、戏曲等其他文化互为载体的关系；第三，人物。古往今来的围棋人，包括下围棋的人、支持围棋事业的人、从事围棋行业的人，等等；第四，现实。就是围棋的现实发展，包括赛事、活动、普及、交流，等等。每本书都与城市的社会、经济、文化、体育发展相结合。

在编写过程中，我们要求各分册编委会严格把握五条标准，即：一、政治标准。就是以党的十九大精神，习近平新时代中国特色社会主义思想，特别是关于文化体育的论述为指导和要求。二、史志标准。所有的史料要经得起推敲。三、学术标准。涉及棋谱、课题的研究时，要达到学术要求。四、专业标准。就是围棋的专业标准。比如，提到的比赛、活动要符合体育总局、中国围棋协会的政策、要求、规范。五、出版标准。文字准确、精炼，图片清晰，体例、格式等符合出版社要求。

从2014年我组织调研到2019年主抓召开编写工作会议，历时7年，第一批43部书稿终于进入出版流程。在丛书编写过程中，各地体育部门、围棋协会的负责同志，以及具体的编写人员都本着积极奉献、责任担当、深入刻苦、包容大度、勇于创新、客观求实的态度，整合各方力量，调动各方积极性，很好地完成了各自的任务。山西人民出版社从承办会议到编辑设计，做了大量工作。作为身处伟大时代的围棋人，我们一起克服了很多困难，为解决棋迷的需要、国家的需要、时代的需要做出了贡献，承担了自己的责任担当，履行了自己的历史使命。我们要持之以恒，继续研究，不断改进，更好地完善这一无愧于时代，无愧于后人的重要基础性工程，为中华优秀围棋文化的传承发扬做出更大贡献。

中国围棋协会主席　林建超

2021年6月12日

# 目录

## 上篇　北海围棋历史文化



## 下篇　当代北海围棋的繁荣

—上　篇—

# 北海围棋历史文化

北海市位于中国南方北部湾畔，是著名的“海上丝绸之路”始发港，国家历史文化名城，还是广西北部湾经济区重要组成城市，素有“还珠故郡，海角名区”的美誉。辖下合浦是汉代古郡，乃岭南地区政治、经济、文化中心，深刻地影响着北部湾以及周边地区。在2000多年的发展进程中，随着中原文化、西洋文化、客家文化的输入，形成了北海多元一体化的海洋区域文化。进入21世纪，北海没有因为建设而破坏环境，城市道路七纵七横气势恢宏，更令人向往的是保护完好的自然环境、清新的空气、碧波万顷的大海、神奇的涠洲岛、百年骑楼老街、山色葱茏的冠岭风景名胜……无不让人流连忘返。围棋与北海的历史文化也有着千丝万缕的联系。如今，北海已是举办围棋赛事活动不可多得的一方胜地，又成为“全国围棋之乡”，吸引了众多围棋大师、围棋高手及围棋爱好者来此一展情怀，对弈成局，北海围棋的历史也就从这里说起。

# 第一章
# 合浦古郡围棋起源

严广云

## 一、秦风汉韵携围棋入岭南

围棋乃中国国粹，几千年来，围棋不仅是智力上的竞技游戏，更具有“道”的性质，蕴涵着中华民族深邃的哲学思想。古代“四艺”“六艺”“八雅”都离不开围棋，古往今来，无数教育家、文学家、哲学家、思想家，或是政治家、科学家、军事家等，都从围棋中得到启发，将棋理与人生境界融通，从而获得了精神上的启迪和飞跃。

北海汉代文化博物馆　宋举浦/摄

在中国的地理版图上，北海属于南方偏远地区，远离中原政治中心。在人口构成上，周边都是少数民族聚居区，与中原文化差异较大。古代时，人口不多，农耕落后，属于天涯海角之地。但就是这样一块地方，却成了汉代海上丝绸之路始发港和中原文化传入百越地区的重要区域。这与其独特的环境和不一般的经历有关。

在早期历史上，今天的北海地区属百越之地，秦平定百越后归象郡。合浦由于地处江河汇集入海的地方，有着非常便利的交通。据史料记载，公元前214年，秦始皇派人凿通灵渠，将长江、湘江、漓江三大水系连成一片。而合浦的南流江流域与北流江流域相接，并经灵渠与湘江、珠江水系联通后，经长江、湘江、漓江三大水系沟通着中原与这片重新纳入华夏版图的土地的联系。也就是从这一时期起，秦始皇将南征的数十万军队留戍岭南各地的险关要塞，这是中原人大批进入并定居岭南之始。而后，秦始皇应戍守岭南将士的请求，从中原征调15000名未婚青年妇女，前来岭南“以为士卒衣补”，同时将中原人民迁移到岭南“与越杂处”。但秦朝统治岭南只有短暂的几年时间就覆灭了，赵佗封闭关隘，割据自立，建立南越国。西汉元鼎六年（前111年），因南越国丞相吕嘉发动叛乱，汉武帝派遣20万大军，开始了征伐南越地方割据政权的战争。经过一年多的征战，消灭了南越政权，岭南重归统一。为了加强统治，汉武帝设置岭南九郡，合浦就是其中之一。随着合浦郡的设置，中央王朝委派的官吏及驻军亦随之到来，中原移民及商贾也相继进入合浦地区，由于交通便利，接下来的几百年里，来自中原的移民不断南下。当时，中原的军队和物资需要通过南流江这条跟北方连接的黄金水道运到岭南地区，合浦正是这条水路上的重要码头。在赵佗统治时期，南越国跟西边的西瓯、骆越打仗，曾在合浦设过行宫并筹备粮草，至今还有舂谷留下的糠头积累成山的传说。东汉时期，马援奉命率军南征交趾，朝廷还诏令合浦具舟船、修桥道、通障溪、储粮谷。由此可见，秦汉时期的合浦在军事上有着重要的地位。围棋也跟随着军队传入岭南乃至合浦。史料记载，围棋在春秋时就已经流行了，是比较普遍的一种游戏。当时，中原50万大军中，达官贵人、士大夫、军中骑士把围棋也带入岭南，是他们运筹帷幄、竞技、休闲的必备，围棋成为生活中一种高雅的游戏方式。但秦时也曾禁过围棋，到汉朝时才又开始活跃。

## 二、贬谪官员带来围棋文化

古郡合浦还有一个围棋现象，那就是流放到合浦的官员带来了围棋。合浦作为秦汉时期的重要军事据点之外，还有另一个身份——贬谪之地。《汉书》和《后汉书》等文献记载，自西汉后期起“徙合浦”的事件屡见不鲜。仅从汉成帝阳朔元年（前24年）到汉平帝元始五年（5年）的30年间，因罪“徙合浦”者就有10余起。

“徙”是一种无期徒刑，徙合浦的人到达合浦后，就在当地定居，没有一定刑期。除个别的人有皇帝的特赦令可回原籍外，绝大多数人毕生不得返回故乡，只有老死合浦，埋骨他乡。

从前文所引文献来看这些“徙合浦”的罪人都不是等闲之辈，而是大有来头的高门大族、皇亲国戚及其家属。如西汉时孔乡侯傅晏、方阳侯孙宠等，他们都是当时在朝廷掌实权的人物，有的曾煊赫一时，势倾朝野，但在统治集团内部的倾轧中，一夜之间成了阶下囚。这些被徙到合浦的官员，有些后来遇赦返回朝廷或被重新起用，有些则永远留在了合浦，如董贤之父董恭，老年被流徙，最后死在合浦，葬于黄姜岭下。至今，合浦还有一个王侯村，从名字上推断，很有可能是当时这些被贬的官员到合浦的首个落脚的地方。围棋被这些从中原徙来的官员带到合浦，开始在高级圈子里流行。可见，当时围棋已经有着较为广泛的社会基础和较为丰富的文化内涵。

汉武帝之后，“罢黜百家，独尊儒术”。作为儒家所肯定的技艺之一，围棋自然在儒生中有所传习。在汉代刘歆所著的《西京杂记》卷二中，还记载了一个叫杜夫子的人，善弈，为天下第一人。而汉宣帝刘询，年幼时因“巫蛊之祸”入狱，后来长期在民间生活，认识了杜陵人陈遵的祖父陈遂，经常与他对弈。后来汉宣帝做了皇帝，就起用陈遂为官，还对陈遂说：“给你高官厚禄，可以还当年博弈输给你的债了。”

皇帝如此喜欢下棋，上有所好，下必甚之，那些朝廷官员当然也要传习棋艺了。到了东汉时期，班固还以儒家学者的立场，创作了我国现存最早的一篇围棋理论文章——《弈旨》。这些被贬到合浦的人有着较高的文化素养，掌握较先进的生产技术和技能，带有先进的生产工具（如铁器），虽然在政治上失势，但多年来关系盘根错节，到这片经济、文化都比较落后的地区来，很快就显示出他们在生产、经营方面的优势，不仅可以占住大片土地，甚至可以雇请当地廉价的劳动力进行垦殖、捕鱼、采珠、煮盐，同时进行贩运，积累资财。如西汉京兆尹王章的妻子，徙合浦后，利用近海之便，发展采珠事业，很快成为当地的富翁。有的招生授徒，从事讲学和著述，传播科学文化知识。比如三国时期东吴的虞翻，被流徙到交州后"虽处罪放，而讲学不倦，门徒常数百人。"（《三国志·吴书·虞翻传》）因此，他们往往过着富足而悠闲的生活，围棋也就成了他们日常闲居时修身养性的雅趣活动了。贬谪官员带来围棋文化，在这样的文化氛围熏陶下，围棋也就跟着流行起来了。

## 三、唐宋盛世合浦围棋繁荣

禅宗六祖惠能在岭南创立了南宗，使佛法在岭南地区扎根普及，岭南人的意识形态和审美情趣与中原越来越趋同，作为"四艺"之一的围棋也成为文人日常所习的技艺。

唐宋时期是中国古代文化艺术的巅峰。这一时期，中国文化以雄伟超迈的气魄屹立于世，各种艺术都达到高峰。在盛世华章中，围棋得到历代帝王的喜爱，在文人群体和上流社会中也广泛流行，合浦郡围棋文化也进入第二个黄金时期。

唐宋时期，弈坛高手如云，朝廷设立了棋待诏制度，因而，围棋理论得到进一步发展，产生了唐绩的《棋谱》五卷，王积薪等的《金谷园九局谱》《棋诀》《棋天洞览》《棋谈》《手谈参诀》，皮日休的《原弈》，徐铉的《围棋义例诠释》等等。唐朝是诗的国度，以围棋为素材的诗歌比比皆是，李世民、杜甫、刘禹锡、孟郊、白居易、杜牧、李商隐、陆龟蒙、寇准、范仲淹、晏殊、邵雍、苏轼、黄庭坚，都是诗歌史上熠熠生辉的名字。围棋还被文人写成书画，在新疆吐鲁番出土的唐《弈棋仕女图》，周舫的《围棋绣女图》等，就是其中的代表。

唐朝时，北海地区属岭南道管辖。国力的强盛，使王朝除了将自己的影响力辐射到周边国家之外，对内部边疆地区的管理也变得有效起来。宋朝时，有不少历史上知名的官员贬到合浦（廉州），如苏轼、曾布、陈瓘等。北宋元符三年（1100年），苏轼调任廉州安置，抵达之后，受到当地官吏与士人的热情款待，包括廉州的长官。苏轼在廉州交往频繁，或品茗谈诗，或探幽对弈。陈瓘，号了翁，是北宋后期知名的士人，在宋徽宗朝，他连续上奏，激烈弹劾、抨击奸相蔡京，结果被除名编管，流放廉州。在廉州三年的日子里，陈瓘远离了朝中的政治纷争，潜心著述，写出《合浦尊尧集》。

这些著名的文人在廉州居留期间，用其自身的学问修养，润泽了廉州的文风和向学之风。宋代以后，廉州到处都是书院，廉州籍的士子开始在科场上崭露头角。唐宋时期，合浦地区的文化氛围浓厚，围棋之风也自然是文人雅士不可或缺的必修技艺，推动了围棋在合浦的发展繁荣。

# 第二章
# 合浦围棋再续情缘

刘忠焕　王凯波　满寿国

## 一、围棋复苏

斗转星移，华夏文明发展到20世纪。自70年代末，改革开放，百废俱兴，万象更新。中断的高考制度恢复了，文化领域百花齐放、百家争鸣，无数被蹉跎了的青年人更是欢呼雀跃。围棋作为中华民族的文化精髓之一，也正在走向复苏、发展。尤其是中日围棋擂台赛中，中国围棋国手聂卫平九段击败日本顶尖棋手的十一连胜，振奋了围棋人，举国上下掀起围棋热潮。在此影响下，在合浦县城廉州镇，一批痴迷围棋的人出现了。

彼时合浦，有一位才艺不错的年轻人李小峰，初涉围棋便感受到围棋的趣味。作为一种智力游戏，围棋起源可追溯至中国远古，古时有"弈""手谈"等多种称谓，乃琴棋书画"四艺"之一，是世界上最复杂的棋盘游戏。李小峰怀着一颗渴望的心，"三尺之局兮，为战斗场；陈聚士卒兮，两敌相当"，去探秘、去战斗。

李小峰是上山下乡知识青年，乘着改革开放的春风，在商海中谋存，用那时时髦的话来说，就是"行走江湖"。他经常东奔西走，为生计忙碌着，但并没有忘记心中的"围棋梦"，这是他的初心。他除了自学之外，还各地相请偶遇地找人对弈。一次，李小峰到了西安，遇到围棋高手，滞留西安期间，除了忙活，便是求教学艺。

那段岁月对于李小峰是难忘而充实的。弈海浮沉亦需面对现实，围棋技艺之道漫漫。

回到合浦后，李小峰一边为生计忙碌，一边钻研围棋，路子越走越宽，棋艺提高也快，待再出门找人对弈时，他蓦然发现，合浦的街头巷尾已经找不到对手了。

合浦虽属古郡，文化底蕴深厚，但到了现代社会，工业发展迟缓，信息、交通闭塞，文化氛围式微，接触围棋的人确实极少，更不要说围棋的普及与发展了。

直到恢复高考之后，一批批合浦学子终于走出了封闭、落后的环境，进入各大城市，开始接触更多的新鲜事物，譬如舞蹈、绘画、流行歌曲、服装表演、乐器演奏、书法艺术等，当然，也包括围棋。

20世纪80年代，分别在广西师范大学、广西银行学校、广西师范学院求学的黄秀强、黄强、王凯波成为合浦围棋界继李小峰之后应运而生的围棋爱好者，在纹枰上开始了青春的挥洒。

这些人都是悟性极高的人，一经接触便上手了，很快成为校园围棋高手。王凯波读大一时便脱颖而出，很不简单。这事说起来，颇具传奇色彩。

王凯波刚上大一，被编入英语混合班学习，与他同桌的是数学系的戴彬，经常趴桌子"睡觉"，其实是在桌子底下拿着一本小册子钻研。王凯波很好奇，一次他问戴彬："看什么来着?"戴彬递给王凯波看，那是一本蜀蓉棋艺出版社出版的小册子《围棋教室》。这一看不得了，王凯波马上就被吸引住了，并由此开启了业余围棋人生之旅。王凯波勤奋钻研，有空就找人下棋，很快就上手了。翌年4月，王凯波首次参加学院举办的围棋赛，竟一鸣惊人，拿了全校冠军。

王凯波的围棋潜质得到极大的激发，上大学才半年时间就拿了校园围棋大赛的冠军，真是了不起。接着，广西师范学院成立围棋协会，王凯波顺理成章当选为会长。其时，王凯波成了校园里的风云人物，除了围棋，他还参加了学校不少社团和潮流活动，比如加入学校足球队，成为校园乐队爵士鼓手、吉他手，参加时装、小品表演等，但王凯波最爱的还是围棋，走到哪里手上都拿着一本围棋书籍，如《忘忧清乐集》或者《当湖十局》，这也成了王凯波出门时的标配，就如同他在网络棋战中不变的名号“白门楼客”一般。

上述几个人，毕业后都陆续分配到家乡合浦工作。这一回来不打紧，原来并不相识的几个人，编织了后来合浦围棋纵横捭阖的故事。他们的交往，不是你死我活、相互排斥的老死不相往来，而是结下了离舍不了、亦师亦友的情谊，从而形成良性竞争，支撑起合浦围棋风生水起的局面。

## 二、以棋会友

1983年，黄秀强分配到合浦师范学校任教师。1984年，黄强分配到中国银行合浦支行工作，而王凯波则于1990年分配到华侨中学任政治教师。黄秀强在合浦师范学校里，拢住一群人来下围棋，成立了围棋俱乐部，围棋的氛围甚为浓厚。他们以棋会友，切磋棋艺，齐头并进。

数年之后，王凯波也回到合浦，加入这一阵营，为合浦围棋的发展添了一把火。王凯波在自己的周遭找不到对手，深感寂寞，大有“桂酒徒盈樽，故人不在席”的意味。王凯波知道，尽管只是一名业余棋手，但对于一名棋手而言，唯有在棋盘上一显身手，方是莫大的挑战和荣耀。围棋本就是两个人之间的角逐，棋枰之上，众人瞩目，喝彩声与惋惜声响成一片，那才是棋士该为之奋不顾身、全身心投入的战场。经过打听，王凯波得知大北街有一爿玉林老板开的小棋馆，有几个围棋爱好者经常在那儿“摆龙门阵”，其中有一位高手，厉害得很。王凯波听闻，踩了辆破自行车，屁颠屁颠就赶过去了。

真是不打不相识，这位高手原来便是合浦围棋界出道最早的李小峰。两人都是属猴的，李小峰大王凯波一轮，对弈之后，惺惺相惜，像是兄弟一般。果然是棋逢对手将遇良才，从此成了对弈半生的棋友，也结下了亦师亦友的情谊。

李小峰的商铺数次搬迁，王凯波就跟着他不断转移。从青云路的成衣店，到城基路的酒楼，再到西华路的缸瓦店，边营业边鏖战。更多的时候，王凯波直接追到李小峰的住所，到缸瓦街那边去，通宵达旦地对弈，茶酒论道。那些岁月，两人相互切磋，共同学习，不断提高，在围棋路上低头赶路，风雨兼程。据他们二人回忆，在20世纪90年代的前几年他们下过的棋，粗略估计达2000盘。

在这之前，黄秀强被认为是合浦围棋界水平最高的，确实也是，他赢遍所有合浦棋手，也有一拨追随者。王凯波回来合浦之后，便又缠上了他。黄秀强与王凯波通过对弈成了好朋友，除了周末的对弈外，还为王凯波提供了“练棋”的最佳场所。20世纪90年代，社会上还没有商用互联网，也就是说电脑还没有普及，黄秀强在单位负责管理学校的电化教学设施，于是，王凯波经常到黄秀强的电化教室去“蹭网”练棋，两人不知道度过了多少个不眠之夜。

说起黄王两人的“遭遇”，还有一个故事。彼时，王凯波的同学赖君是黄秀强的同事，一次同学聚会时，在不知道王凯波会下围棋的情况下，赖君说黄秀强围棋技艺如何如何了得，在本地没有对手。事实上，当时黄王两人已交往了数年，双方水平自是心中有数。年轻气盛的王凯波当然不服气，旋即回话赖君说：应该是倒过来，我让黄秀强二子并战胜他根本没有问题。当然，不懂围棋的外人并不明了孰强孰弱并乐见对抗。于是，便有了某届足球世界杯赛期间，双方应约到逸香阁酒家，在十数人的围观下，两人对弈。经过较量，结果还真是王凯波授二子战胜黄秀强，结束了对抗。在经过逸香阁酒家的“世纪大战”之后，黄王二人成了棋坛上的知己，在相互促进的围棋之路上，且行且远，比翼齐飞。

许多时候，下棋都是通宵达旦，可以用废寝忘食来形容。他们到处寻找有共同爱好的人，水平不论高低邀约一起切磋、一起探讨。“围棋第一品，知有过文年。”县城的五金公司、水洞口、廉州中学、合浦一中、华侨商店、文化宫、棋友家中等处，他们都去交朋结友，对弈论道。这一干人马，不但推动了合浦围棋的发展，也强烈地影响了合浦围棋的大势。

“绿沧庭院月娟娟，人在壶中小有天。身共一枰红烛底，心游万仞碧霄边。”这首诗，就是对这些痴迷于棋枰的合浦围棋弄潮儿的真实写照。

## 三、里巷人家围棋擂台赛

合浦北海围棋界早期最火热、最夺眼球的比赛，是在20世纪90年代初。

1991年下半年，北海市围棋协会暨北海市第一届定段赛成立并举办，黄秀强担任北海市围棋协会副主席，王凯波担任北海市围棋协会理事。

在北海市首届定段赛中，黄秀强、王凯波分获第二名、第三名，李小峰取得第六名。其中，第一第二名定业余3段，第三至第六名定业余2段，黄强也在该次比赛中获得业余1段。

合浦围棋手的水平在高段层面上，与北海市棋手旗鼓相当。当时，地方之间的围棋交流极少，这种现象引起各位棋手的关注。为了通过举办比赛提高水平，大家提出举办“对抗赛”的建议。经过商议，决定参照中日围棋擂台赛的模式，在合浦与北海之间开展一系列擂台赛，以促进北海围棋的发展壮大。

双方一拍即合，议定了赛制，双方各选派7名选手，轮流各主办一盘比赛。第一场在北海市文化宫举行，合浦的先锋官黄强打头阵，憾负于北海的林如海。李小峰因为妻子将临产，自荐要接着先上。结果李小峰高歌猛进，一波5连胜，在合浦还珠宾馆、北海银滩宾馆、北海泗海宾馆等地击败了北海队前5位选手，直逼副帅潘林远帐下。不过，李小峰在与潘林远的较量中输了。潘林远随后又战胜合浦数名队员，奔至王凯波帐前。至此，双方比分打成平手，各剩下正副帅，合浦队是王凯波和黄秀强，北海队是潘林远和赵令文。轮到王凯波出战潘林远，王凯波战而胜之。北海队剩下主帅赵令文了，赵令文与王凯波的对决，转师到合浦县文化馆举行，比赛备受瞩目，吸引了数十名观众。经过一番恶斗，最后王凯波赢了比赛，取得第一届合浦—北海围棋擂台赛的最后胜利。

这样的比赛活动开展得相当成功，也推动了合浦围棋的进一步发展。合浦棋手王凯波、黄秀强、李小峰、黄强、马建华、曾正怡、黄洪等人，在参加本地及外地举办的各种围棋比赛中，无不努力拼搏，奋勇争先。除了取得不俗的战绩外，更能互相学习、增长经验、提高棋艺、开阔眼界、增进友谊。尤其是取得“合浦棋王”称号，独步合浦棋坛30载的王凯波曾参加的第七届广西壮族自治区运动会、北海与桂林对抗赛、合浦棋王赛、北部湾联赛、自治区联赛、北海与湛江对抗赛、广西棋迷拉力赛、北海精英赛等赛事中，以及赴浦北县、柳城县友谊赛、联谊赛等一系列比赛中有输棋的遗憾，也有胜利的喜悦，当然，收获最多的还是在对弈中结下的友谊，以及践行棋道的快乐。

就是他们，实现着合浦围棋的“薪火相传”。

## 四、合浦棋校应运而生

李小峰、黄秀强、黄强和王凯波这一拨人，虽然为现代合浦围棋打下了一片天地，但始终没能令围棋活动广泛开展起来，尤其是随着黄秀强、黄强等人基本淡出棋圈，李小峰年纪渐大，身体状况不再适合下棋，王凯波又到南宁工作等情况下，合浦的围棋环境几乎又回到荒芜状态。特别是符合年龄结构要求的梯队建设上，如二三十岁年龄段的选手一直跟不上来，出现了断层危机，大有形势不清、前途不明之虞，这对合浦围棋队伍的发展极为不利。于是，培养后备力量的事宜，被提上议事日程。而此时，恰逢国家重视围棋事业，大力推广围棋，在全国各地开设围棋培训班，那些围棋培训中心在全国大中小城市如雨后春笋般发展起来，在广西、在北海也兴起这一行业。

2006年，合浦终于迎来一个好时机，合浦希望之星围棋培训中心挂牌成立了。这个希望之星围棋培训中心，俗称围棋学校，专门培养少年儿童。希望之星围棋培训学校是广西联名品牌，合浦围棋发展迎来了大转机。

为了振兴合浦围棋，合浦县教育局大力支持，合浦希望之星围棋培训中心得以顺利招生。满寿国、邱光南、何美仪等老师通过努力，逐步开拓围棋市场，渐渐得到各小学的支持。一块是公益培训，自2007年至今，廉州镇中心小学、合浦实验小学、廉州小学、合浦第一小学、合浦第二小学、合浦第四小学、平田小学、廉州镇第一幼儿园、廉州镇第二幼儿园、廉州

合浦希望之星围棋培训中心课堂

镇第三幼儿园、廉州镇第四幼儿园、合浦实验幼儿园、廉州镇中心幼儿园、合浦旭日幼儿园、合浦阳光幼儿园等15所学校开设围棋课程，接受围棋普及课的学生约3000人，每年平均有300人左右接受围棋普及教育。另一块是中心培训，是提高班，收费，自愿参加。棋校先后培训过的学生已达2000余人，成绩很大，发展势头良好。

合浦希望之星围棋培训中心在开展公益培训和中心培训的同时，还经常举行小学生、幼儿园围棋联赛，以营造更浓的学围棋、赛围棋的氛围。联赛是以教育局的名义主办的，围棋学校承办，每次联赛都有30支以上的队伍参赛，人数多达300人，几乎县城所有的小学、幼儿园都参赛，可谓盛况空前。一项普通的比赛，能够以教育局的名义主办，在合浦教育史上凤毛麟角，可见主管部门的重视与鼓励。比赛结束后，如果没有工作冲突，县领导还会前来颁奖，给予合浦希望之星围棋培训中心极大支持。

现在，合浦希望之星围棋培训中心有老师20人，在校学生500人，经过13年的推广和实践，已经培育出拥有业余段位的学生超过200人，其中5段11人，4段的20人，3段就更多了。棋校从级位、启蒙教起，至初级、中级、高级，再到业余1段至业余5段。一位小学生，学围棋一年半至两年后，即可达到段位水平，可谓进步神速。送孩子来学围棋的家长，已经认识到围棋的魅力与作用，可以增强专注力，增强记忆力，开发智力，培养创造力，培养不放弃的精神，提高计算能力，锻炼逻辑思维能力，培养良好的个人习惯，学会兼容并包，养成平静对待输赢的习惯等。

2013年3月到2019年8月，合浦希望之星围棋培训中心已拥有一大批青少年业余高手，如获得青少年5段棋手的有谢子霖、罗远毅、尹鹏程、韩宝棠、罗心怡（女）、张宸瑞、秦瑞敏（女）、黄振深、姚远淞、苏君明、张源珂（女），共计11人，业余4段的超过20人。

# 第三章
# 北海市围棋协会诞生

围　协

## 一、潮涌北海乘“棋”而上

20世纪90年代初，改革开放大潮涌动，来自四面八方的投资者一时涌进北海这座城市，房地产成为全国的热点，带来大量外来投资的同时，也带来各行各业的人才。北海的大街小巷充斥着南来北往各种口音的外地人，当时全国30多个省市在这里都有办事处，这当中自然也少不了来自各地的围棋高手，也吸引了北海众多围棋高手对弈。当时的北海房地产热及伴随着夏天闷热的海风下围棋，成为很多人的记忆。每当夕阳西下，公司门前、亭园楼下摆下围棋对弈，成为一景。1991年，借北海第一届国际珍珠节的举办，也拉开了围棋赛事的序幕。在改革开放和围棋热潮的推动下，1991年，北海市围棋协会成立了，时任北海市体委主任的李飞山为名誉主席，邓小军任主席，合浦的黄秀强任副主席，赵令文、王凯波等任理事。同年，北海市围棋协会在市文化宫举办第一届北海市围棋比赛，赵令文获得冠军，黄秀强获得亚军，王凯波获得季军，林庆佳、潘林远、李小峰分获第4~6名。次年，北海市围棋协会第一次组织队伍参加第七届广西运动会，赵令文领队，队员有王凯波、朱正威、裴清、方灿，方灿获得这次比赛“精神文明棋手”称号。

## 二、路漫漫“棋”修远兮

随着国家实施宏观调控银根紧缩，北海经济不断降温，来北海的人像候鸟般纷纷飞走了，留下一堆半拉子工程，满城的烂尾楼，又没有工业支撑，经济十分低迷。围棋刚热又凉下来，因缺乏经费支持，北海围棋协会断断续续经营了几年，于1998年办理注销手续，围棋文化氛围还未形成，围棋活动就中断了，但围棋人的梦想还在。谋事在人，成事在天，如同围棋下到中盘，要懂得转折，懂得取舍，有所失才会有所得。进入21世纪，北海历届政府上下求索，励精图治，北海经济终于走出困境，城市建设又开始新的起步，房地产逐步盘活，城市面貌和文化建设不断向前推进。

## 三、大珠小珠出棋盘

围棋大师吴清源先生的《21世纪围棋》提出围棋新布局思想，促进围棋国际化和中国围棋的发展。顺势而为的大好时机，北海围棋人越来越深信继承发扬中华民族优秀的围棋传统，利国利民，是培养子孙后代功德无量的事，围棋开发智力的作用，越来越受到人们重视，想学围棋的人越来越多。

2004年，围棋培训已开展得如火如荼，广西也挤上了这趟飞奔的“列车”。北海热血青年，又开始描绘北海围棋事业发展蓝图。林如海敏锐地捕捉到这些信息，和六七个伙伴重新组建了北海市围棋协会并成立北海希望之星围棋培训中心。

2004年9月2日，北海市围棋协会重新注册成立了（北市社证字第152号）。

北海市围棋协会的成立得到北海市委、市人大、市政府的大力支持，围棋协会工作重点放在少儿身上，大力开展围棋教育进校园普及活动，提高北海未来一代少儿综合文化素质。

北海市明确提出发展围棋目标：3年在北部湾区域率先崛起，10年赶上广西三甲（南宁、柳州、桂林）。

北海市围棋协会的再次成立，已今非昔比，掀开了北海围棋事业新篇章，拉开了北海围棋蓬勃发展的大幕。

### 北海市围棋协会组织机构

名誉会长：刘石龙　刘　杨　张　瑜

顾　　问：葛金峰　庞天宏　胡平林

会　　长：林如海

监　　事：洪　硕

副 会 长：林长志　范豫衡　方　灿　满寿国　李林森　晏海涛

秘 书 长：晏海涛

副秘书长：陈明海　郭伟荣　姚　民　洪　硕　徐志敏　张坤峰　王凯波

理　　事：蒋兴富　江荣科　黄岭生　李　文　朱　俊　陈海强　万　峰　邱庆南　方海伟　付守民　钟孟隆　吴益强　袁　平　叶佳华　苏家贤　邓梅英　罗　琴　黄　梅　苏　娜　黄于恬　朱瑞娟　苏永珍　林海丹　韦龄杰

专职委员：陈晓茜

北海市围棋协会下设有合浦县分会1个，内设竞赛部、普及推广部、赛事策划部、教育培训部、综合部5个部，负责具体工作开展。协会有成人会员126人，其中国家级围棋裁判员3人，1级围棋裁判员8人，2级围棋裁判员36人，教练资格56人。至今共培养了业余6段4人，业余5段57人，业余4段200多人，业余1—3段1300多人。

## 四、围棋园地气象万千

北海市围棋协会成立后，充分发挥了集体的力量，主动上门联系，从幼儿园、学校入手，印发宣传资料，重点开设广西围棋希望工程教育定期公开课，全程义务普及教育，使孩子们从小就接受中国传统文化的熏陶。逐步在北海市各中小学、幼儿园开展起来，向老师、家长和学生宣传推广，通过免费入门体验课程，让广大青少年开始接触围棋并培养兴趣，开发出适合不同水平学生的围棋课程。2005年，在北海市实验学校、银海区机关幼儿园推广普及围棋培训，北海围棋文化普及教育渐渐有了起色。

2006年，市围棋协会成功承办“贝因美”杯2006年广西少儿围棋锦标赛，这是广西第一次自主冠少儿围棋比赛，广西各地市500多位小选手角逐棋枰，活动在社会上引起强烈反响。

栽下梧桐树，筑巢引凤来。北海引来了真正的“围棋专列”，围棋热度迅速升温，从开始跟着别人走到拥有自己的品牌，从1个分校发展到5个分校、1个棋院的规模。2006年底至2008年，北海围棋协会大力推广少儿围棋，坚持实施“围棋进校园工程”，已在幼儿园、小学、高职院校开设围棋普及课程，每年有四五千孩子得到培训，近年来参赛人数、比赛规模和赛事影响力不断扩大，协会用了两年时间，使全市20多所学校的一二年级学生围棋普及教育计划全部完成。北海围棋培训教程作为成功模式在广西全面推广，并进一步深化完善。

# 第四章
# 围棋乘势兴起

围协

## 一、民间棋迷热情高涨

莎士比亚说："一千个观众眼中有一千个哈姆雷特。"但对围棋的朝圣者来说，在20世纪80年代，一千个人可能就有九百九十九个人是因为中日围棋擂台赛上的聂卫平而迷上围棋的。

1986年至1988年，中国棋手连续在三届中日围棋擂台赛上取得胜利，战胜多名日本"超一流"高手豪取11连胜的聂卫平棋圣，给中国人民带来了一次前所未有的围棋启蒙，给国人以鼓舞和自豪感，北海围棋就是在这种时代的潮流中逐渐复苏并发展起来的。

当时，许多北海人还不太了解围棋规则，就开始搜罗各种有关围棋的书籍和棋具，当时仅有北海市百货公司有围棋销售，由于对这股围棋热潮的估计不足，一副简单的玻璃围棋被卖到断货，以至于很长一段时间内都供不应求。北海坊间也出现了不少自制围棋的趣闻，如绿白两色的马赛克围棋、黑白的纽扣围棋，而棋盘是用作业本和笔画的。

北海自发学习围棋的群体主要有两个：一是广大职工，二是在校学生。学校中尤以重点中学北海中学的围棋氛围最好，一到活动课，教室、走廊、校园的各个角落都能看到学生们对弈的身影，还成功举办了多次校内围棋比赛，比赛中崭露头角的学生大部分都成了现在北海业余围棋高手。而广大职工的围棋活动场所，主要集中在当时北海围棋第一高手赵令文位于环卫路蔬菜公司宿舍的二层楼住宅。每到周末，北海的围棋高手挤满了这栋小楼，楼上楼下每个房间都有人在对弈，基本有七到八盘棋的规模。在那里举办的一次比赛，方海伟获得冠军，裴清是亚军，陈明海是季军。后来，学生中的高手也知道这样一处场所，纷纷加入战团，一时好不热闹。当时活跃在赵宅下棋的主要有赵令文、赵令强、林如海、邓小军、朱正威、潘林远、陈建喜、钟志坚等人，还有海军少校张曼华和时称“象棋第一人”的梁炳忠。而学生棋手，主要有方海伟、裴清、陈明海、欧武钦、方灿、晏海涛、朱俊、姚民等。赵令文的爱子赵子骥，从小就在这种围棋氛围中成长，在父亲启蒙下，很快就表现出极高的围棋天赋，成长为北海围棋的第一个职业棋手。北海市的围棋比赛随之也如雨后春笋般开展起来。

## 二、围棋学校星火棋缘

伴随着北海围棋土壤愈发肥沃，围棋也在幼儿园日渐结出硕果，照亮无数幼儿的人生。

2004年9月28日，由市体育局发文，成立围棋协会下属二级机构——北海市少儿围棋培训中心，正式在贵州路科技创业中心挂牌，由此拉开了推广普及围棋教育活动的大幕。

北海市少儿围棋培训中心后来加入广西希望之星围棋教育联盟，并更名为北海希望之星围棋学校，校址也经过多次变更，从原先的贵州路科技创业中心到长青路动植物进出口检疫局旧办公楼，后又到贵州路44号（贵州路加油站旁），最后搬到现址北海大道时代广场二楼。

自2009年起，围棋便以兴趣班的形式进入幼儿园。2016年3月起，围棋以园本课程的固定形式在幼儿园普及。普及课程开设期间，每个学期中班、大班都要举行围棋汇报课，以知识问答、实战练习等环节，向家长们展示围棋的魅力。2016年，“广西围棋希望工程杯”北海市少儿围棋大赛开赛，少儿棋手还参加了第20届全国“建行·育苗杯”围棋赛。

2018年8月，“陈毅爱心围棋教室”项目落户北海，既是对北海围棋事业的极大认可，也是促进北海围棋教学事业发展的一大契机。而该项目选择在北海市机关幼儿园开展，正是看中了该幼儿园在办学上对围棋教学的重视。该项目为公益项目，由中国棋院、上海市应昌期围棋教育基金会共同倡议主办。其创办是为纪念新中国围棋事业的奠基人陈毅元帅，同时传承中华优秀围棋文化，开发学生智力，也是为关心、支持围棋事业的企业和个人提供公益参与平台。

北海希望之星围棋学校和陈毅爱心围棋教室的教师深耕围棋教育领域多年，他们跟幼儿交流很有一套，编了故事，用的是小朋友能够听得懂，听了之后能够内化的语言，如把围棋比喻成动物，赋予棋子角色，让围棋鲜活起来，培养了幼儿自信、自控、自律、自强等良好的心理素质，不仅提高了孩子们的棋艺，还有利于幼儿人际交往和自我认识的拓展，帮助幼儿们树立起正确的人生观和世界观。

北海希望之星围棋学校对北海围棋文化的传播和普及做出了不可磨灭的贡献。学校的围棋老师走出去，送课到校园。他们利用素质教育的契机，和全市各小学、幼儿园合作，提供免费的围棋入门体验课程，丰富学生的课余生活，提高围棋文化在校园的普及程度，得到学校和家长的广泛好评。

陈毅爱心围棋教室揭牌　知方/摄

学校还着眼长远举办比赛，积极推广围棋文化和打造比赛品牌。最初通过公益性质的比赛，努力将比赛品牌打响，并形成社会回馈的良性循环。2006年北海承办的广西青少年围棋锦标赛，南宁铁路局为此专门开了一趟围棋专列，满足桂林、柳州和南宁的小棋手到北海比赛。比赛成功举办，通过媒体宣传，影响大了，市场就有了，冠名的企业也来了。十几年来坚持组织各项少儿围棋赛事，每年均举办北海市少儿围棋千人大赛、北海市少儿围棋升段大赛等赛事，为爱好围棋的棋童提供了锻炼提升的平台，这其中就走出了王恒5段、廖师安5段、许之恒5段等一批北海业余围棋年轻高手。学校把围棋教育当成长远事业来做，在创办初期，学校针对教师素质良莠不齐等现象，以待遇保证质量，从职业学院引进一批青年学子，增添新鲜血液，组织专门培训，确保师资力量稳定和高水平。学校从创办至今，一直是北海市唯一的围棋专业培训机构，颇具特色。截至2019年，北海希望之星围棋学校在校学生规模已经超过千人，校区覆盖海城区和合浦县，共6个校区，围棋教师达到60余人。与此同时，学校利用教学平台，开展家长围棋专题讲座。

近年来，围棋在幼儿中播下一颗颗种子，并呈星火燎原之势，“围棋进校园”活动已纳入19所幼儿园、9所小学、1所高职院校，每年有近5000人参加校园开设的围棋普及课程，并且在不断增长中。通过围棋特色教育的持续推进，北海市培养了一批批杰出的小棋手。小棋手们在幼儿园习得的围棋知识技巧，养成的良好对弈习惯，培养的逻辑思维品质，为围棋事业输送出一批批的后备力量。

## 三、北部湾棋院声名鹊起

现在，中国经济的发达、中华传统文化的继承和发扬是历史上最好的时期，围棋作为中国传统文化也恰逢其盛。围棋先天所具备的在少儿智力开发、思维启迪以及品质培养等方面的良好作用，深得老师、家长和学生的喜爱。2008年以来，报名学习围棋的人数越来越多，围棋事业迎来了好的发展机遇。

2018年10月22日成立的北部湾棋院，目前拥有60多人的优秀师资团队，其中高级教练13人，中级教练15人，初级教练25人，下设6大校区，涵盖北海辖区（含合浦），常年在校注册学生达1600余人。棋院是集围棋考核、竞赛、培训、文化交流于一体的专业机构，以“授棋养德，让孩子每一天都走得比昨天更辽阔”为施教理念，通过系统棋类教学、创建国际国内智运夏令营、打造品牌赛事、开设中华国粹传统文化讲座和论坛、承接国际国内大型赛事等举措，丰富围棋项目的宣传普及，达成以棋益智、以棋养德、以棋育人的目标。这里，有一批有事业心有责任心的围棋人，致力于围棋文化的推广，重点抓好对青少年的培养，密切与教育部门合作联动，加强同各个地市的交流互动。他们拟订教学目标、设定教学内容，通过开展围棋游戏，让孩子在游戏中萌发对围棋的兴趣；通过专业围棋老师入园开展日常围棋课，让孩子学习围棋专业知识，养成良好的下棋习惯；通过举行幼儿围棋比赛，让孩子体验围棋竞技的魅力；通过家庭围棋课堂、亲子对弈赛等，让孩子与家长共同参与其中，感受围棋的乐趣，从而在幼儿园中掀起了学习围棋的热潮。

# 第五章
# 围棋教育蓬勃发展

围协

改革开放以来，北海围棋教育就提出质量是生存之本的教学理念，学校从各个教学层面入手，制定了启蒙班、初级班、中级班、高级班、段位班、高段班的教学大纲和教学目标，保证每个阶段的教学质量。同时为保证学生的棋力得到认可，围棋学校多方努力，创建了多层次、高水平的比赛平台。现在，全市每年举办两次千人少儿围棋大赛（暨定段、定级赛），一次全市中小学、幼儿园围棋团体赛，一次泛北部湾围棋联赛。这四大赛事范围广、影响大、有深度，为进一步扩大教学领域争取生源，推广发展城市围棋事业奠定了基础。

## 一、棋院有道雁行布阵

北部湾棋院共设有6个校区，6个学段（启蒙、初级、中级、高级、段位、高段），常年在校学生1600人。至今共培养业余6段4人，业余5段57人，业余4段200多人，业余1至3段1300多人。

## 二、职业学院围棋兴盛

北海职业学院开展“三棋选修课”，其中围棋项目共有17、18年级，6个班，共计202人参加，学习内容主要有围棋历史文化及现代发展趋势（培训竞技行业和就业的需求）、品德礼仪、围棋竞赛规则、围棋竞技技术。

2021年5月4日，北海职业学院荣获中国围棋协会授予的“全国围棋师资培训试点单位”荣誉称号。未来，北海职业学院将为推进“全国围棋之乡”建设，推动围棋运动的普及发展贡献力量。

北海职业学院围棋选修课毕业照　知方/摄

## 三、小学围棋星罗棋布

开设围棋普及课的小学有：北海市实验学校、北海市第二实验学校、北海市外国语实验学校、北海市银海区第一小学、北海市海城区第八小学、

小学围棋活动　知方/摄

小学围棋活动　知方/摄

北海市海城区第二小学、北海市海城区第三小学、北海市海城区第六小学、北海市海城区第十八小学，每学年普及人数达2300多人。

## 四、幼儿园围棋星光灿烂

开设围棋特色课程的幼儿园有：北海市第一幼儿园、北海市第二幼儿园、北海市第三幼儿园、北海市机关幼儿园、北海市银海区机关幼儿园、北海市海城区第五幼儿园、北海市海城区贝斯安国学幼儿园、北海市海城区第一幼儿园、北海市政府机关幼儿园、北海市海城区第七幼儿园。每班每周一节课，每学年普及人数达2300多人。另外，在全市9所私立幼儿园开设围棋特色课程，每学年普及人数达900多人。

幼儿园围棋活动

罗琴/摄

## 五、涠洲围棋独具特色

北海涠洲岛，距离北海市区20海里，是中国最年轻的火山岛、“中国最美十大火山岛”，有“蓬莱美景”之称，因其独特的火山岛风貌，海蚀、海积及熔岩等景观，是地质学家研究火山岩沉积和古生物化学的理想之地，旅游者眼中最有价值的目的地之一，成功创建广西特色旅游名区，成为各地游客、网红打卡胜地。针对岛上围棋起步迟、基础差的实际情况，从2017年11月开始，北海市围棋协会与涠洲岛管委会特别安排全体市围协会会员，每月一次，每次两名教练，轮流上岛到涠洲实验学校、涠洲岛机关幼儿园进行为期两天的推广普及，同时还为小朋友们送去教学棋具、教学用具、书籍，至今已培训44期，所需交通费、食宿费均由协会承担，丰富了涠洲岛群众的文化生活。

百城千县万乡棋牌推广工程涠洲岛围棋公益活动

知方/摄

百城千县万乡棋牌推广工程涠洲岛围棋公益活动

林海丹/摄

# 第六章
# 围棋品牌效应彰显

围协

## 一、节日围棋文化

北海市围棋协会结合节日庆典，在侨港镇、地角街道等地举办围棋讲座，采用公开挂盘讲解、大盘现场联赛、散发宣传资料、学生成绩汇报等形式，推动了渔港围棋文化的开展。现在，每当夕阳西下，常常能见到渔船上渔民下棋的场景，形成独特的文化风景线。

创建普及围棋文化点。北京航天学院北海分院坐落在城市西南角，围协获悉那里的学生热爱围棋，立即联系，主动上门讲授围棋知识。“中安·止泊园”社区居民热衷休闲文化，每周六举办定点围棋讲座，激发社区人们热爱围棋文化，吸引社会各界人士关注。

定期举办学生家长讲座。围棋协会有计划地安排，定期为家长普及围棋国学文化知识，系统讲授围棋起源、文化礼仪、围棋内涵、高智力竞技、当今世界围棋现状以及围棋竞技的规则知识等，广大民众踊跃参与，支持学生热爱围棋，影响力和辐射面已渗透至社会各阶层。

围棋，已成为北海市民不可缺少的一项重要文化体育项目，有效地推广了城市围棋文化。

## 二、秀出围棋品牌

“青少幼围棋团体赛”于2005年6月创办，由北海市旅游文体局、北海市教育局主办，北海市围棋协会承办，北海市海城区青少年学生校外活动中心、北海市希望之星围棋培训中心、合浦希望之星围棋培训中心协办。参赛队伍由北海市各中小学、幼儿园组建。第十七届北海市中小学、幼儿园围棋团体赛，于2019年12月1日在北海银滩皇冠假日酒店举行，共有来自北海一县三区的46所园校、87支队伍、481名学生参加。

第十七届北海市中小学、幼儿园围棋团体赛

“少儿围棋大赛”创办于2004年10月，每年举办2次，孩子们通过比赛检验半年来的学习水平。2022年10月22日至23日，“2022年北海市希望之星少儿围棋定段定级赛”在北海市北部湾棋院及下设教学点举行，来自北

少儿围棋大赛　知方/摄

海市幼儿园、中小学的近千名小棋手分为12个组别进行角逐，为升级冲段而战。

“泛北部湾围棋联赛”。泛北部湾围棋联赛始于2010年，北海市围棋协会成功举办11届“泛北部湾围棋联赛”，至今已发展成甲级队18支、乙级队44支，共200多人参赛的大型专业赛事。赛事采用升降级制度，甲级队最后4名降为乙级队，乙级队前4名升级至甲级队。泛北部湾围棋联赛是团体联赛赛制，赛期2天，共赛7轮，每场比赛各队派出3人比赛，本队2人或者3人取得胜利则获得本场比赛胜利，采用积分编排制。2018年，组织燕山手谈社和南国手谈社围棋交流赛，燕山手谈社以两个6：2的相同比分战

第十届泛北部湾围棋联赛　知方/摄

胜南国手谈社，取得交流赛的优胜。

“梦唤滨海杯”围棋精英赛。2018年4月18日，由北海市围棋协会主办。这是一项特殊的围棋比赛，组委会将参赛选手根据实际棋力分为A、B、C三个级别，采取A级让先B级、B级让先C级、A级让倒贴目C级的方式进行比赛，参赛选手的级别由组委会来划分。目前，该赛事已经举办两届。

北海弈海清风围棋俱乐部于2015年注册成立，是由北海本土企业广西城市设计有限公司独资组建的代表北海市的一支围棋代表队。

队伍人员结构合理，队员相对稳定，领队北海市围棋协会主席林如海

通过个人魅力把整个队伍凝结在一起，队员团结一致，万众一心，拥有着对冠军的绝对渴望，而技术上由世界冠军时越九段把关，爆发出超出自身水平的战斗力，2015年、2016年、2017年、2018年、2019年连续五届代表北海参加了中国围棋界的“NBA”国际赛事——城市围棋联赛。

北海弈海清风围棋俱乐部参赛历程：

1. 城市围棋联赛2015—2016赛季

2015年6月13日，城市围棋联赛首个赛季在南宁南国弈园揭开战幕，北海弈海清风围棋俱乐部本赛季常规赛取得8胜2负的战绩，挺进8强，亦止步8强。

弈海清风围棋俱乐部荣获城市围棋联赛2016—2017赛季亚军

2. 城市围棋联赛2016—2017赛季

2016年7月2日，城围联2016赛季揭幕战——中建八局专场在广西南宁五象山庄打响。在本赛季的备战阶段，北海弈海清风队率先邀请围棋世界冠军时越九段担任俱乐部主教练，并对本队队员进行了新的调整，确立了打入1/4决赛的目标。北海弈海清风围棋俱乐部在本赛季常规赛阶段5胜5负险入16强，一轮获胜挺进8强，被誉为一匹黑马，又杀进1/4决赛，直至拼进总决赛，最终不敌韩国首尔队斩获亚军，并荣获最佳运营俱乐部称号，主教练时越九段获得最佳教练荣誉称号。

3. 城市围棋联赛2017赛季

6月24—25日城市围棋联赛2017赛季在广西南宁国际会展中心揭开战幕，北海弈海清风围棋俱乐部本赛季冠名：北海国家高新，常规赛7胜7负打进16强，亦止步16强。

4. 城市围棋联赛2018赛季

城市围棋联赛2018赛季于5月18—20日在柳州市柳州饭店、双渔汇揭开战幕，北海弈海清风围棋俱乐部本赛季冠名：北海国家高新，常规赛8胜2负出线，挺进8强，亦止步8强，获第五名。

5. 城市围棋联赛2019赛季

5月25日，城市围棋联赛2019赛季揭幕战在柳州市柳钢集团隆重开幕。32支参赛俱乐部来自四大洲8个国家的32座城市，参赛人数超过370人，出席和参与活动的人数超过千人。北海弈海清风本赛季伊始，对战队进行了调整，目的是要重整旗鼓，冲刺冠军宝座。北海弈海清风围棋俱乐部本赛

北海市弈海清风围棋俱乐部荣获城市围棋联赛2019赛季亚军

季常规赛7轮全胜后挺进8强，杀入4强，最终斩获亚军。并获年度最佳教练、最佳领队两项荣誉称号。

北海弈海清风围棋俱乐部除了征战城市围棋联赛，在俱乐部队员遴选、赛事指导等方面与北海市围棋协会、北部湾棋院充分合作，并安排专人负责管理和运营，俱乐部在西藏路海城文化体育公园设有围棋会所，为棋迷交流棋艺提供场地。还积极参与、赞助北海市围棋协会、北部湾棋院组织并举办多项赛事。旨在普及围棋文化，提高北海本地棋迷围棋水平。从

2018年开始举办自创赛事“弈海清风杯”首届北海围棋精英赛，打造属于北海市自己的“围棋拉力赛”。参赛者为北海市25周岁以上的成人围棋爱好者，赛制则借鉴了汽车拉力赛的规则，一年内分为4个分站赛，每季度一赛，每个分站赛决出1、2、3名，年度总排名则以个人积分之和多少为评判标准，产生年度冠亚季军，颁发奖金和奖杯。目前，该赛事已经举办两届。

“南珠杯”全国业余围棋冠军争霸赛。北海是南珠的故乡，南珠是北海的灵魂，南珠文化是北海历史文化的核心内容。两千年的历史进程，是珠

第一届南珠宫·南珠杯全国业余围棋冠军争霸赛开幕式

城人民积极谋求发展之道的历程，如同珍珠的培育，形成了“开放、包容、和谐、创新”的文化内核。

2019年4月16日上午，第一届南珠宫·南珠杯全国业余围棋冠军争霸赛在广西北海市南珠宫酒店隆重举行开幕仪式。赛事由中国围棋协会、北海市人民政府主办，广西围棋协会作为支持单位，北海市旅游文体局、北海市人民政府新闻办公室、北海市围棋协会承办，广西南珠宫投资控股集团有限公司总冠名，北部湾棋院协办。该赛事属于全国业余围棋的高规格赛事之一，比赛按中国围棋协会顶级赛事标准打造，冠军可申报业余7段（顺延到前3名），邀请国内32位著名业余棋手参加，当中不乏业余7段及以上棋手、国内各大业余比赛获得好名次的棋手，还有全国围棋定段赛获得好名次的冲段少年。本次赛事参赛的32强基本囊括了国内现有的业余7段

棋手，还有2018—2019赛季的晚报杯、黄河杯、商旅杯、陈毅杯、国学杯和中国围棋大会正赛冠军，其中业余8段棋手2名，业余7段棋手13名，业余6段棋手16名，业余5段1名，平均段位达到6.5段，是中国围棋协会和北海市政府联合打造的顶级业余大赛。

北海与全国多个城市建立了长期往来关系，同时主办和承办了多次颇具影响的围棋赛事，诸如“少儿围棋定段定级赛”“北海市千人围棋大赛”“南珠杯全国业余围棋冠军争霸赛”“泛北部湾围棋联赛”和“北海市中小学、幼儿园围棋团体赛”“贝因美杯”“广西围棋团体赛”“疍家人凉茶杯”“南珠宫杯”“新绎海洋运动杯”“倡棋杯”“陈毅杯”广西希望之星围棋少年王赛、中国西部八省区围棋邀请赛等，这些赛事，在社会上引起广泛影响。

## 三、对外交流活跃

北海紧贴国家“一带一路”发展战略，通过积极宣传我国优秀传统文化艺术，加强围棋对外文化交流合作，一直坚持“走出去、请进来”的方针，一方面积极组织北海本地知名业余棋手参加围棋文化交流比赛，一方面与国内外同仁展开多层次学术交流。

北海棋手积极参与在广东阳江海陵岛举办的2015年海上丝绸之路围棋文化节，以及在河北大名举办的2019年第十三届“五得利杯”全国历史文化名城围棋赛等。

2019中国围棋大会，世界各国（地区）围棋组织领导人联谊赛

在高水平的业余围棋竞技方面，组织本地业余高手张坤峰6段、方灿5段、王恒5段、晏海涛5段等人

积极参加全国和广西的各项高水平赛事，甚至走出国门参加马来西亚国际围棋公开赛，并取得不错的成绩。

邀请中国围协主席王汝南，围棋名人聂卫平、马晓春、俞斌、刘小光、曹大元、周鹤洋和围棋世界冠军时越、江维杰、周睿羊、朴文尧、崔哲瀚（韩国）等到北海，对北海围棋发展进行指导。

邀请洛杉矶、纽约、台北、香港、澳门、新加坡等城市的围棋代表团访问北海，进行围棋文化交流与学术研讨。

应邀参加全国少儿围棋教育论坛。2013年4月，在大连市举办的全国围棋文化交流会上，《北海市围棋发展之路》一文引起大会关注，会后许多城市专程赶来寻求合作。近邻防城港市与我市围棋协会已展开合作，联合办学。2016年在浙江宁波举办的全国少儿教育论坛上，北海市围协代表广西在论坛上交流了广西围棋希望工程教育联盟在全区开展围棋公益教育的做法和体会。

邀请泛北部湾围棋联赛5省20城市和地区的代表进行学术交流，探讨如何在城市推广普及围棋活动，交流各城市培养学生的经验，在泛北部湾区域形成良好的交流机制。

泛北部湾围棋联赛的参赛选手起初主要来自北海、南宁、钦州、防城港等北部湾城市，参赛人数不足百人，后来随着北部湾畔的海南、湛江等省市加入，并逐步发展壮大，经历10余年发展，至今已成为跨5省20个城市300余人参加的大型专业围棋比赛，已形成品牌效应。目前，该赛事已由中国围棋协会、广西体育局担纲主办单位。

北海成功组织承办了2014年广西区内三大顶级赛事：广西青少年围棋锦标赛、广西城市围棋团体赛和广西青少年围棋精英赛，此举极大地提升了北海的知名度，掀起一股围棋热潮。

围棋不仅仅是北海的一张名片，更是一座座友谊、文化以及经贸往来的桥梁，联系着北海和世界，在北海经济腾飞中发挥着独特的魅力和作用。以北海棋手为代表的广西队，参加在桂林举行的世界大学生围棋锦标赛，与清华大学队并列第八名。还参加了贵阳国际城市围棋邀请赛。

北海市围棋协会代表团参加马来西亚围棋公开赛

2019年6月2日，第九届马来西亚国际围棋公开赛在吉隆坡拉曼大学圆满落幕。北海市围棋协会牵头组织棋手，赴马来西亚参加比赛，北海棋手张坤峰、方灿囊括国际组冠军、亚军，北海围棋协会的晏海涛5段获得第五名。此次文化交流活动，走出了与南海诸国开展围棋文化交流的第一步，进一步加强了北海对外文化交流合作。比赛结束后，北海市围棋协会与马来西亚围棋协会签订了《关于推动围棋文化交流活动的友好合作协议》。

# 第七章
# 公益围棋活动蔚然成风

围协

## 一、从娃娃抓起

针对北海围棋起步迟、基础差的情况，北海市围棋协会在全市范围内开展围棋公益普及教育，从学校、幼儿园入手，主动上门联系，宣传围棋教育意义，印发宣传资料，开设围棋育苗教育定期公开课。多年来，义务培训学生累计逾12万人。不定期举办学生家长围棋培训讲座累计30期，受教育人数千余人。2016年，北海围协义务开展公益教育活动的做法，被广

幼儿园围棋特色课程

西围棋教育联盟高度认可并在广西全面推广。

## 二、“围棋有涠”得天独厚

鸟瞰涠洲岛　吴志光/摄

在涠洲岛公益推广围棋项目。北海市涠洲岛的航拍图就似一个美丽的棋子落在浩瀚的大海中，北海围协据此构思出一个主题词：“涠洲之围”。涠洲岛的“涠”字与围棋的“围”同音，比喻水上围棋，把涠洲与围棋联系在一起，增添了涠洲岛的围棋文化元素。

北海围协响应“全国百城千县万乡棋牌推广工程”的号召，在岛上公益推广围棋项目，在涠洲岛管委会的支持下，在岛上的小学、幼儿园开设围棋课程，使未来一代从小接受国粹教育，热爱祖国，做智慧中国人。北海围协会员轮流上岛公益推广围

百城千县万乡棋牌推广工程涠洲岛围棋公益捐赠　邓梅英/摄

百城千县万乡棋牌推广工程涠洲岛围棋公益课　知方/摄

棋，坚持每月一次，每次2名教练，从2017年11月开始，在岛上1所小学、1所幼儿园开展围棋启蒙活动，至今已开办44期，58名教练参与，1500多名孩子接受围棋教育。

## 三、图书馆成为围棋阵地

在北海市图书馆报告厅，北海围协每年定期举办围棋知识讲座，旨在培养青少年对围棋文化的兴趣，进一步传承和发扬围棋文化中的智慧因素，推动北海围棋运动的普及和提高。讲座内容丰富、浅显易懂，吸引了众多学生聆听，深受大家的喜爱。讲座最后环节是师生互动，探寻围棋文化的博大精深，使更多同学了解围棋文化的精髓。讲座结束之后，主讲老师还安排同学进行围棋车轮战，同学们踊跃参与，现场气氛活跃。

## —下　篇—

# 当代北海围棋的繁荣

北海是一个创新型城市，借助围棋的历史与文化搭建一个更广阔的平台，广交围棋大师、各界围棋朋友，提升北海棋手的围棋水平，促进围棋事业的发展，提升北海城市文化格调。北海的围棋活动，引来政府、企业、媒体和广大市民的关注与参与。它不仅是体育项目、智力游戏，更是智慧城市发展的一把钥匙。围棋让城市更遵守规则，让城市更精彩。围棋与北海发展有机结合，北海已成为围棋热土。历史文化悠久的北海，更应该发扬光大围棋文化，让更多的人喜欢围棋这项运动，让北海深厚的历史文化滋养围棋的根脉，让北海与围棋、围棋与人生、围棋与教育、围棋与战略、围棋与公益的故事生生不息，由内而外蓬勃发展，欣欣向荣。

# 第一章
# 中国围棋之乡

素木

## 一、文化名城

北海地名的形成，可追溯到康熙元年（1662年），清政府设“北海镇标”作为“北海”地名的称谓。由于此地最早开发人群都是疍家渔民，他们长年集中居住在靠近避风港的村落，面向北面海域，所以此村得名“北海村”。

北海三面环海，是个半岛。1983年，北海改为地级市。1984年，北海

鸟瞰北岸

成为全国14个沿海开放城市之一。北海开始从一个默默无闻的小城逐渐成为改革开放前沿的一个沿海地级城市。

进入2010年，北海市被正式列为国家历史文化名城。2017年4月19日，也就是在中国外交部向世界宣布"'一带一路'国际合作高峰论坛将于5月份在北京举行"的前夕，习近平总书记来到广西北海考察，第一站就到合浦汉代文化博物馆。习近平总书记详细了解合浦汉代文化博物馆的情况，参观了馆内珍藏的一件件陶器、青铜器、金银器、水晶玛瑙、琥珀、松石等当地出土的文物，他说："这里围绕古代海上丝绸之路陈列的文物都是历史，是文化。要让文物说话，让历史说话，让文化说话。"

北海作为国家历史文化名城，历史悠久，文化遗存丰富。据史书记载以及新石器时代遗物和合浦汉墓出土文物见证，北海的先民早在数千年前就开始以"舟楫为家"，靠海生活。从起源看，北海文化源远流长，其本源是中原汉文化。北海辖区合浦县，在中国漫长的封建社会中，历代王朝都是岭南的政治、经济、文化中心之一。自秦汉以来，随着南流江"皇家水道"的开通，我国南疆边陲与中原紧紧相连，通过军事戍边、商贸活动、人员往返（含流放文化）、移民南迁（含客家文化）、中原先进的汉文化、生产方式和科学技术，以及以儒家文化为核心、道家文化和释家文化三位一体的文化集结，便源源不断地冲击和影响着北海的本土文化。因此，汉文化成为北海历史文化的母体。

从北海历史上经历过三次大的对外开放看，两千年前的古代海上丝绸之路和1876年被辟为对外通商口岸，对外开放所带来的外来文化，以及西方科学技术、生产方式、伦理道德、西洋建筑，德、英、法等各国相继设立领事馆，特别是1984年北海被国家确定为首批14个沿海开放城市之一，使北海的政治、经济和文化建设掀开了新的篇章。

从多元文化看，北海地处北部湾，古属合浦郡，有"还珠故郡，海角名区"之美誉。长期生活在这块土地上的北海先民的民间习俗、思维方式、价值观念世代相传和发展，形成以海洋文化为中心的包含周边地域文化影响的特色文化，主要包含南珠文化、疍家文化、岭南文化、商贾文化、妈祖文化，这一板块最核心的部分就是南珠文化，它们构成了北海历史文化的基础。今天，北海历史文化“海上丝绸之路”集中体现的闪光点有：国家重点保护文物大仕阁、万座汉墓群、惠爱桥、草鞋村遗址和大浪古城遗址、白龙珍珠城以及闻名的汉代文化博物馆、东山寺、古海角亭、东坡亭、文昌塔。2009年，北海市启动“海上丝绸之路”申报世界文化遗产工作，全力推进“海上丝绸之路”申遗工作。2012年11月，北海已被列入世界文化遗产预备名单。

习近平总书记视察北海市，合浦汉代文化博物馆声名鹊起，吸引了众多海外专家学者到这里参观考察，成为国内民众关注的热点。当年统计显示，博物馆参观人数与同期相比增加了近三倍。在当年11月，中国围棋协会在北海主办“新绎海洋运动杯”第十三届中国西部八省区围棋邀请赛，内蒙古、陕西、青海、宁夏、甘肃、新疆的棋手都来了，组成了包括北海在内的9支代表队参赛。比赛期间，还举行了西部地区、民族地区围棋活动座谈会，西藏藏棋推介会，围棋+海洋运动研讨会。通过这些围棋活动，不仅推介了城市，全面展示北海历史文化名城形象，弘扬了围棋历史文化，而且促进了各民族之间的文化交流，推动围棋运动走出去，为“21世纪丝

生态北海　王宏武/摄

绸之路”建设奠基新平台做了有益的探索。

## 二、旅游胜地

只要走进北海，就会禁不住做深呼吸，一股清新的空气扑面而来，负氧离子是内陆城市的50~200倍，有“天然氧吧”之称。入冬时节，北方的人们如“候鸟”般纷纷向北海迁徙，有呼吸道和心血管疾病的人到北海后得到缓解或治愈，于是就有了北海的空气能治病这一说法。

北海地处北部湾畔，是一个三面环海的半岛城市。北海银滩海天一色连绵24千米，滩长平，沙细白，水温净，浪柔软，无鲨鱼，是南方理想的天然浴场。在银滩，举办过国际沙滩排球赛、世界模特表演、千人月光晚餐、万人篝火晚会。在银滩，爱美的女士用湿润的碧海银沙给自己做个SPA，舒缓身、心、灵。最让小孩子不舍的是滩上的小螃蟹跑去跑来，捉住它却不容易，真是好玩极了。入夜，一轮明月跳出海面，波光潋滟，远方渔火点点，海涛耳语，神奇而静谧。

依傍这一片辽阔的大海，北海海鲜刺激着每个游人的味蕾。在北海有最好的海鲜，因为北部湾渔场是一个半封闭的大海湾，远离月球引力作用，每天大都只有一次涨潮。亚热带温暖气候及北部湾渔场洁净的水质，这里

红林晚霞

北海银滩风光

的海鲜，有鱼、虾、蟹、沙虫、贝类等，食客品过，会有不一样的回味，嫩、爽、滑，怎一个鲜字了得。

身处北海，会情不自禁地走进北海老城，一条中西合璧近2千米长的骑楼式百年老街，保护完好。老街老而不衰，昔日牌坊林立，今日故事悠悠，入夜霓虹灯闪烁，咖啡飘香弥漫着夜空。

沿着百年老街历史文脉摸索，会被北海众多的文物古迹、西式建筑而震撼。闻名于世的合浦汉代博物馆、大士阁、文昌塔，等等，还有100多年前美、英、法等8个国家的领事馆和教堂。继续寻古探幽，早在秦汉时期，北海合浦就是海上丝绸之路的始发港之一，从这里扬帆起航，满载丝绸、茶叶、珍珠、瓷器的商船，驶向东南亚、西亚、欧洲乃至全世界。古合浦海丝路焕发新的生机，“一带一路”又扬帆起航，迎接新的辉煌。还有美景金海湾红树林生态区、国家级森林公园的冠头岭、北海最早的古村落——南澫村。北海四季如春，区位优越，海陆空交通便捷，现除高铁、高速公路外，已开通国内航线29条，通达城市33个，国际航线2条，通达城市32个，在全国229个民航机场的排位上升到第59位，跨入中型机场行业。作为全国宜居的20个城市，北海荣获“中国人居环境范例奖”，每年吸引着游

老街印象　琚运华/摄

客纷至沓来。

北海好看好玩的很多，如《中国国家地理》评出的最美涠洲岛，如上古壁画，可触可摸，展出的世界性摄影比赛作品声名远播。在这样宜居的环境中对弈无不感到十分的惬意，北海为全国围棋盛事举办提供了如诗如画的佳境。这片旅游热土，滋润着围棋文化的根脉。北海积极探索“旅游+文化”互动发展模式，“围棋+旅游”的新思维逐渐发展、成熟。北海优良的自然环境和旅游资源，吸引了围棋文化和活动“向心北海”。

2013年4月，北海围棋在广西围棋界激起了一片小浪花。北海围棋协会会长林如海与时任广西围协主席季桂明、广西围协副主席白起一组成广西围棋代表团，参加中国围棋协会在大连主办的围棋文化论坛时，关于《北海市围棋发展之路》的发言，引起大会强烈关注。会后，许多城市围棋协会的有关领导专程赶来，积极寻求与北海的围棋合作事业，才发现北海这边风景独好。

2017年11月，第十三届中国西部八省区围棋邀请赛选择在北海涠洲岛举办，比赛主题是“涠洲之围”。中国围棋协会主席王汝南点赞北海“让人刮目相看”，认为“北海围棋知名度已打响，城市多了一张文化名片”。中国围棋协会副主席、城围联体育投资发展有限公司董事长雷翔博士则说“在涠洲举办围棋大赛，很有诗意。‘涠洲之围’，有水则灵。”那背后是惊涛拍岸，两军对垒，棋声、涛声、风声交织一片，背水一战又渐渐归于平静。胜负如何，最后已无关紧要，掂子如摘星，对坐如吴越，棋争如壶隐，真正是“机心浑不用，仍可狎鸥群”。这“烂柯”之道，就是涠洲与围棋的机缘，北海旅游与围棋文化的缘分。

## 三、琴棋书画

琴、棋、书、画是中国传统文化的载体，在绵长悠久的文化历史长河中，这四种艺术门类互相滋养，互为促进，相得益彰，呈现出中国文化的特色、魅力和生生不息的内在动力。在这方面，北海的发展可谓独具特色，琴、棋、书、画齐头并进，琴声润灵，棋韵睿智，书香怡情，画道言志，构成了北海文化素养教育的主体，代表了北海人对精神内核永恒的追求。

北海人生活在大海之滨，常年与海洋共生，磨炼出博大、开阔、开朗、开放、不封闭、不保守、不排外的思想品格，北海这块土地上，多种文化和谐共生，共同繁荣。纵观北海的兴衰、进步发展史，从2000多年前的“海上丝绸之路”始发港到100多年前的“中国对外通商口岸”，再到1984年被国家列为14个沿海开放城市，历史证明，开放则兴，闭关则衰。北海的开放史实际上也是北海的文化发展史。

时代赋予北海文化创新不竭的动力。北海人民发挥自己的聪明才智和自强不息的精神，学习国外先进技术，推动北海经济发展，吸收了西方文化的营养，创作、丰富了中西合璧的北海文化特色内涵。北海历史文化和海上丝绸之路的大型舞蹈精品剧《咕哩美》和历史舞剧《碧海丝路》走出北海、走出广西，誉满京城，获文化部多个奖项，并走出国门，到日本、韩国、澳大利亚、斯里兰卡和欧洲一些国家巡演。北海书画历史悠久，近代开放，西方水彩画就传入北海，使北海人较早接触了西方水彩画，北海水彩画在20世纪90年代初第一次在北京展出，就获得专家的高度赞誉。东西方文化碰撞，北海独特的地理环境和亚热带气候，使得北海水彩画有着得天独厚的地域文化特色，成为棋家们钟爱的赏品。具有地域特色的北海水彩画作品在全国有一席之地，与上海、广州呈三足鼎立的态势。北海水彩画不仅在中国美术馆展出，还远涉重洋，沿着“一带一路”马来西亚、斯里兰卡等国家展出。北海书法文化氛围深厚，人才辈出，硕果累累，获全国书法大奖及书法“兰亭奖”大有人在。中国书法兰亭奖广西20家作品展开幕式在北海举行，这就是北海独有的艺术情趣。

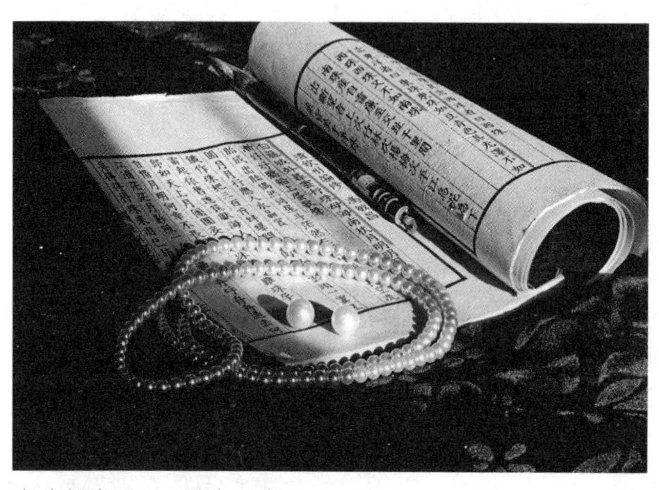

南珠耀史册　　谭为民/摄

北海“弈趣”的兴起，我们很难去评判是否缘于书画活动的兴盛，但围棋作为古时文人骚客的雅玩之物，经过几千年的盛衰，其阵地已悄然转移到茶楼酒肆、瓦舍勾栏之处，与书画一道成为北海寻常百姓家聚会休闲之物。围棋文化从大堂之上走到乡间里坊，围棋由雅至俗，发展成典型的市民文化载体，琴棋“四艺”影响着北海一代又一代人的生活，也是北海人文素质的一贯体现。北海这座三面环海的浪漫之城是舞文弄墨弹琴弈趣的好地方，近几年四面八方的围棋赛事趋之若鹜，一片叫好。

## 四、珠圆棋韵

围棋与北海南珠都属于圆润之物，都属于自然之子，黑白南珠，黑白棋子，北海南珠与国之围棋在北海相遇，是历史文化两种形式相遇的必然，它们都肩负着传承中华民族一脉悠久的历史文化的使命与担当。如果说，文化是城市建设中一条剪不断的血脉，那么，北海深厚的文化积淀必然铸就围棋文化的灵魂。合浦有“珠乡”之称，北海有“珠城”之誉，南珠文化是滋润北海围棋根脉的另一个核心要素，也是“文化北海”建设的文脉。

南珠硕大，晶莹圆润，名冠古今，盛产于北海。“昆池夜光满，合浦夜光回”“长川含媚色，波底孕灵珠”。举世闻名的南珠，在历史的变迁中载沉载浮，演绎了许多南珠故事：有孟尝“珠还合浦”、陶璜为珠请命、危祐拒收珍珠扇，还有开珠禁、减珠税的李逊……这些不惧富贵、不畏强权的铮铮风骨，是南珠文化的内核，经过千年沉淀，具有独特的文化韵味，也造就了珠城人民高度的凝聚力、顽强的意志力，他们所表现的正是围棋竞技场上那种执着的斗志、坚忍的精神。

南珠是北海的灵魂，南珠文化则是文化北海的核心内容。2000年的历史进程，是珠城人民积极谋求发展之道的过程，南珠孕育的过程，是“开放、包容、和谐、创新”的文化内核，也是北海围棋手在博弈过程中不断超越自我的时代精神，更是珠城人民千百年来坚韧奋发，长期积累、沉淀形成的文化形态。从1991年至今已经成功举办了六届北海国际珍珠节，特别是2019年举办的北海南珠节暨北海国际珍珠展，通过展会、论坛、演出等活动，加强珍珠行业的交流，不断提升南珠文化影响力，擦亮北海南珠品牌，彰显出北海南珠的历史文化底蕴，也是海水珍珠的批发集散地。南珠晶莹剔透，圆润闪亮，养颜美肤，是女士们的所爱，还有利用南珠加工的系列产品更是北海的独有，无不受到人们的青睐。

在经济文化不断交流、碰撞中，南珠文化的内涵不断丰富，北海围棋赛事融入南珠文化元素，珠城特色的赛事氛围愈加浓厚，异彩纷呈。北海南珠宫珍藏的南珠和悠久的南珠历史文化展示以及北海1000多年的珍珠城又叫白龙城遗址，那一层又一层黄土夹着的珍珠贝壳夯实的城墙，吸引人们驻足观赏，感叹惊奇。世人皆知“珠还合浦”的典故就发生在珍珠遗址城里。2019年4月15日至20日，北海第一届南珠宫·南珠杯全国业余围棋冠军争霸赛开幕式时，中国围棋协会主席林建超在致辞中赞道，北海又称珠城，南珠是北海独有的，希望棋手在比赛之余，去参观和了解。同年12

月1日，“企聚珠城·共享棋事”城围联企业家邀请赛在银滩举行。这是一场以企业家为主力的28支队伍、近百名嘉宾组成的盛大棋事，是城围联历史上规模最大的一次企业家围棋赛。北海以珠为媒，聚八方高手，共襄盛举。北海不仅成为推动广西甚至中国围棋产业发展的重要力量，还为企业与企业、企业与政府搭建广阔平台发挥了桥梁纽带作用，宣传了北海，棋事搭台，经济唱戏，产生了珠联璧合的跨界融合效果。

“玉润星圆千百斛，南珠应夺亚洲魁。”这是北海人民振兴南珠产业的渴盼，南珠的光华也照耀了弄潮儿勇往直前的弈路。近20年来，北海围棋参赛人数、比赛规模和赛事影响力不断扩大，北海围棋的韵味与南珠的光彩相得益彰。

## 五、好棋连台

中华民族五千年辉煌灿烂的文化源远流长，奔腾不息。围棋，这中华文明古国文化的结晶，似一颗璀璨的明珠，闪耀着绮丽的光彩。

“国运衰，棋运亦衰，国运盛，棋运亦盛。”早在晋代就有“尧造围棋，以教子朱”与“舜以子商均愚，故作围棋以教之”的记载。战国时期围棋广泛传播，秦代时鲜有记载，唐宋明清繁荣。中华人民共和国成立后进一步发展，1984年后迎来新的发展机遇，也就是中日围棋擂台赛时期。在这个历史长河中，北海围棋发展也是潮起潮落，经历了从无到有、从小到大、渐入佳境变热土的过程。而围棋真正受到重视，作为国家战略对外交流的重要举措，是在当今。近几年，宣传部重视，国家体育总局顶层设计，“城市与围棋”系列专著出版，中国围棋协会逐个城市推动，正应了那句话“国运盛，围棋兴”。

在国家大力倡导弘扬围棋传统历史文化的时候，北海市委、市政府积极响应，高度重视，迎头赶上，顺应时代体育发展趋势，在全市大力普及推广，把围棋运动和发展作为弘扬优秀传统文化重要任务来抓，以谋求城市发展战略思维作为决策者经营思考，立足本土历史文化底蕴，致力于围棋文化和城市文化相融合，营造围棋运动良好环境，推动围棋项目深入学校、社区、农村、企业等，走出一条围棋“庶民化”的新路，让更多人接触围棋、喜爱围棋。

北海市围棋协会定期在全市各界举办围棋文化和比赛活动，把围棋水平提高推进了一大步。围棋进课堂、进学校、进图书馆，讲好北海围棋故事；教育部门将围棋项目列入中小学校、幼儿园选修课程，各级各类学校加强围棋项目专业教师的培训、引进工作；建立围棋培训中心、北海亲子围棋营、北部湾棋院等，广西首家陈毅爱心围棋教室落户北海市机关幼儿园，全国“建行·育苗杯”围棋赛在北海举行，拓展园本课程教学，充实园本课程的完整性，全面提升幼儿的素质教育。

北海市政府积极扶持北海围棋活动“走出去、请进来”，举办承办了各项围棋赛事，对外交流活动活跃，给围棋爱好者提供了广阔的平台和更高的眼界。尤其是争取到诸多重大围棋赛事在北海举办，可谓风起云涌，连获佳绩，超过历史上任何一个时期。围棋的普及与繁荣，不仅宣传了北海，而且给北海带来了新的发展机遇，提高了围棋的整体水平，为北海开启了新的创新模式和城市发展平台，促进了城市品质提升，推动了产业发展。如今的北海，着力打造向海经济，大力发展电子信息、石油化工、临港新材料、高端服务业、海洋产业、新型装备制造业、食品加工业、林纸与木材加工业等八大优势产业，已成为广西电子产业硅谷，数十家世界五百强企业落户北海。2019年城市围棋联赛北海总决赛“围棋与企业管理论坛”在北海市举行，百余位来自全国棋界的企业家齐聚北海，感受北海的优美环境，呼吸北海清新的空气。通过围棋新平台，围棋战略思维吸引了许多棋界企业家来北海投资兴业。

中国围棋协会提出，让围棋成为世界的“语言”，促进各国交流。2019年4月16日，北海成为“全国围棋之乡”，这将是北海运用围棋之子走向全国、走向世界的一张亮丽名片。中国围棋协会主席林建超在授予北海“全国围棋之乡”荣誉时评价说：“北海市政府在围棋发展的先进性、群众性、乡土性这三个特征上做得很好。”

进入21世纪，北海围棋的星星之火已成燎原之势，这海、这棋，又被赋予新的意义。

中国围棋协会将和北海市政府进行战略合作，共建泛北部湾国际围棋文化交流中心，这将是中国面向“一带一路”沿线国家和地区，特别是东南亚国家传播围棋文化的新创举。

# 第二章
# 北海围棋人物

## 王汝南：北海围棋在未来

李　培

卸任中国围棋协会主席一职的王汝南，并没有让围棋彻底淡出自己的生活，他仍然热爱着围棋以及和围棋有关的一切，对于获得“全国围棋之乡”称号的北海，他也充满了好感。

20世纪90年代初，王汝南就曾踏足北海的土地，那时的北海，在他的眼中堪称“围棋荒漠”：“那次是朋友邀请我过来玩，我印象很深刻，那时候北海的围棋发展还很落后，我来了也没有参与什么围棋相关的活动，只有个别的爱好者和我有一些简单的交流。比起当时的南宁和桂林，北海的确称得上是‘围棋荒漠’了！”王汝南认为，任何一项体育竞技运动，都是普及和提高互相促进，竞技和大众体育是互相促进的，一个城市如果没有相关的项目活动，就没办法把爱好者聚起来，那项目也推广不开，而当时的北海，正处于赛事活动寥寥无几，学棋人士凤毛麟角的尴尬阶段，就连1991年成立的市围棋协会，也是没坚持几年就中断了。

“好在后面有了像林如海会长（北海围棋协会会长）这样一批热爱围棋的棋友，他们开始致力于围棋推广活动，我印象里有十四五年了。”王汝南心中，北海围棋事业的转折发生在2004年，北海围棋协会再次成立，广西围棋协会也开始尽力推动围棋项目在全区的发展，北海围棋教育事业走上了一条快车道。“早期的围棋培训，尤其是20世纪80年代之前，都是通过少年宫、工会、少体校等国家补贴的组织来做，全国吃围棋饭的全算上，专业棋手100多人，各地少年宫教棋的100多人，顶天了200多人。进入21世纪以后，和过去老的计划经济体制已经不一样了，这时候要看的就是各个地方主持工作的人的能力和奉献精神了。北海就抓住了这样的机会，先是通过一些爱好者和企业家支持，搞出一些赛事，打造一定的影响力，然后在各个学校做基础培训，让更多的人了解到围棋的好处，就连涠洲岛上他们也做了很多培训工作，我也去看过，感觉做得非常棒……是他们的敬业逐步得到家长和社会的认可，树立了北海围棋的良好形象，才让北海围棋事业的发展走上良性循环的道路，社会影响力扩大，聘到更好的老师，取得更好的成绩！”

仓廪实而知礼节，作为传统文化礼仪修养中重要的一环，“琴棋书画”中的棋，就在这样一批围棋人的努力之下，在北海重新焕发出光彩。

王汝南说：“就我所了解到的，这些年林如海会长他们在北海大力推广少儿围棋，受到大众的欢迎，各种培训普及，走入基层，打下了基础，才有了今天获得‘全国围棋之乡’称号的荣誉。北海的各类围棋比赛层出不穷，每年的少儿定段赛定级赛动辄数百上千人，还有泛北部湾围棋联赛、城市围棋联赛，等等，这些赛事也吸引到社会大众和政府部门的注意，对

“百城千县万乡”棋牌推广工程涠洲岛围棋公益捐赠

知方/摄

围棋的发展有着极大的好处。同时，北海作为对外开放的港口城市，改革开放的前沿，直接面向东南亚，将中国传统文化的魅力向外辐射了出去。这些因素加在一起，可以说，北海走出了一条独特的围棋发展之路。”

围棋的历史，有文字记载是从《左传》开始，而民间传说“尧造围棋以教子丹朱”。由此可见，围棋是古代文人在文化上的一种熏陶，我们的老祖宗认为围棋是一种教育工具，为它赋予了教化的功能。从文化修养的角度来说能陶冶情操，就内涵而言，人们常说“人生如棋”，用最简单的横道竖道黑子白子，演绎着无穷无尽的变化，涉及各种各样矛盾的处理，进退、攻守、大小、先后……不断地在棋盘上变幻，棋手要做出比较、选择，这样一来，从战略到战术，从宏观到微观，都涵盖其中。孩子们只要在棋盘前坐下来，就会不断地作比较、作取舍、作深入的思考，大局观也好、计算能力也好、战术战略眼光也好，自然而然就得到提升，所以我们说，围棋是非常好的一种教育的补充。

王汝南认为，北海围棋致力于少儿培训，是非常明智的选择：“我常说，要将围棋立足于文化活动的开展，立足于教育功能的补充，立足于为大众服务，而不是立足于培养几个职业尖子，不是让下棋成为一种负担，作为一项课外活动，如果成为负担，那对孩子来说就太不公平了。天才是可遇而不可求的，好棋手是自然涌现的，有了好的土壤，才能长出好苗。下棋的人多了，就会有好的棋手出来，有爱好的、有追求的可能就会上去，北海现在所做的，就是打造一种快乐围棋，让孩子们在下棋中享受。我们国家现在竞技水平已经很高了，竞争自然就有了，不用我们在后面追着他，现在我们要做的就是尽量提供更厚重的土壤和基础，我相信，北海的围棋希望，在未来！”

# 容坚行：一张亮眼的城市名片

培　春

在中国棋文化发展史上，容坚行是无法绕开的一个名字，他历任广东棋队领队、教练，中国围棋协会副主席，中日友好围棋会馆副馆长，国家体委棋类运动管理中心象棋部主任，中国象棋协会秘书长，世界象棋联合会秘书长，亚洲象棋联合会第一副会长兼推广主任，中国象棋协会副主席，亚洲象棋联合会名誉顾问，世界象棋联合会推广委员会主任，广东东湖棋院院长，广东棋文化促进会会长等职，为中国的三项棋（围棋、象棋、国际象棋）事业发展，作出了不可磨灭的贡献。直到今天，他依然在为棋文化的推广忙碌着。

容坚行的眼中，围棋不仅仅是我国优秀传统文化的结晶，更是历史和现代的一个结合："它既有几千年的底蕴，又能和IT时代的人工智能结合在一起，这样一个最古老和最现代的结合，全世界都没有几个了。虽然规则四千年不变，但内涵无穷，当AI出现，我们才意识到，围棋的发展还有很大的空间，让我们人类去探索。当AI战胜人类的时候，人类曾经一度觉得对围棋产生了毁灭性的打击，但我觉得没问题，AI的不断发展对于围棋的普及推广和发展是极大的推进。"

"我们说围棋是'木野狐'，此语出自邢居实的《拊掌录》：'人目棋枰为木野狐，言其媚惑人如狐也。'意思是说变幻万千，令人倾其心智的围棋犹如狐狸精幻化的美丽女子，人们一旦受其迷惑，便难以自拔，沉醉不已。在下棋的人眼中，围棋的确是一旦接触就很容易沉迷的一项运动。"容坚行如是说，"作为一个智力运动项目，围棋对于开发人特别是青少年的智力，是非常有好处的，它能锻炼人的逻辑思维能力、抗挫折能力、大局观……可以说对人一生都有很大的帮助。如果能从青少年开始，就接受这方面的熏陶，以‘游戏’的方式开始，简直再好不过了。而在这一点上，北海就做得特别好！”

两年前，容坚行第一次来到北海，在此之前，他对北海最深的印象有二：一是千年南珠的传说；二是城市围棋联赛的杰出战绩。“城围联举办了五届，北海就五进季后赛两夺亚军，成绩非常之亮眼，我是广东人，人都说两广一家，所以我对北海这个兄弟城市也是很有好感的。”来了北海，容坚行才发现北海的围棋事业发展之蓬勃，“单在广西范围内，北海绝对是围棋事业发展最好的城市之一，这里有一批很有事业心有责任心的围棋人，他们在围棋文化的推广上，抓住了几个重点，一是对青少年的培养，二是和教育部门的合作联动，三是和各个地市的频繁互动”。容坚行说，青少年围棋的推广，交流很重要，小孩在学棋的过程中，通过一次次的赛事活动来验证棋力的上升，对孩子和家长都是一个鼓励。而且通过各地市之间少儿棋手之间的交流，又能比赛又定等级，等于给了孩子和家长们一个正面的反馈，才会让大家觉得“学有所获”，才会让围棋更加受到大家的欢迎。“小孩子多参加比赛，抗挫折能力就能得到锻炼。过去独生子女在家里面更多是感受到爱和鼓励，但是学棋之后，每一次训练对局都要面对输赢的考

幼儿园围棋活动　　知方/摄

验，他的心理承受能力就会大幅度提升，对孩子性格的培养非常重要。所以很多下围棋的孩子在考试的时候心态是非常稳定的，不怯场，能承受。这是非常难得的体验。”

身为城市围棋联盟主席，容坚行非常看好北海弈海清风俱乐部的竞技实力：“城围联作为一项团体性质的赛事，比赛方式新颖特别，不同的阶段不同的人来下棋，很讲究配合和综合水平，也培养了赛手的团队精神。搞竞技搞比赛的，最终都要以成绩论英雄，有些队伍属于豪华阵容，高手云集，世界冠军很多，但作为一个团队竞技赛事，它更讲究默契、配合以及团队精神。弈海清风俱乐部虽然从个人角度来说，只有一个时越是九段棋手、世界冠军的身份，但它的总体实力，在城围联诸多队伍中，绝对处于一线水平。经过这么多年的磨合，弈海清风俱乐部已经从一个零散的集合体转化为一个有机的整体，甚至可以说像一个人一样，在比赛的每一个阶段每一个部署，什么时候暂停什么时候换人，都有了它自己独有的节奏和风格，对赛制的熟悉了解运用，达到自如的水平，所以能在这么多年始终保持一个较好的竞技水平，非常适合城围联的赛制，这就是队伍的综合实力所在了。更重要的是，北海在围棋文化的普及上做出了相当大的成就，为北海职业赛事的发展打下了坚实的基础，我觉得北海确实走出了一条非常好的路子。”

纵观容坚行的一生，可以说他忙了一辈子竞技体育，20世纪80年代参加围棋国家集训队，带过国家少年队，也曾是广东省队的领队，在谈到竞技体育和青少年棋手的培养时，他有着自己的看法：“少年学棋，目的性不要太强，不要一开始就把目标定在以后要取得如何高大上的成就之上。东湖棋院2007年已经有七八千人的规模了，现在每一期的学生都有一两万人了，这说明孩子学棋有好处在社会上已经达成了共识。在我看来，孩子学棋是家长长期有效的智力投资，孩子是可以终身受益的，在这个过程中，如果孩子真的有天赋，那么可以考虑转向职业化的道路，但千分之几的概率真的很小。即使不能走上职业棋手的道路，学棋对孩子一样是有帮助的。从这个角度理解的话，孩子从小学棋，是有意义的。”

根据多年的观察，容坚行说，如果孩子在4岁左右开始学棋，那么到10岁左右就会进入瓶颈期，多数孩子会停留在业余2至3段，一些有潜力的孩子，可能会停在业余5段左右的水平。在接下来的几年里，很可能没法直观地看到孩子棋力的进步。再加上学业的加重，很多学棋的孩子和家长就会在这一阶段选择放弃继续学棋，“但这些孩子中绝大部分，在之后的义务教育学习中，都有很出色的表现，成绩会很好，学棋带给他们的思考方式和心态，会一直帮助他们到大学。而这些人，等到长大了，有了更多的业余时间的时候，他们多数会继续捡起围棋，成为一个业余爱好，甚至到老，剧烈的体育运动无法参加了，他们还有围棋——起码能防止老年痴呆症呀（笑）”。

容坚行说，北海是一座很有活力的城市，北海市委、市政府对围棋的大力支持，让他感觉到北海围棋的未来一片光明：“北海的领导是很有眼光的，他们选择了围棋文化，也符合了我们国家现在所讲的‘文化自信’，选的切入点也很好，一项项赛事活动，‘全国围棋之乡’的称号，都为北海打造了自己独有的文化品牌，吸引了很多业界高手还有很多围棋爱好者的企业家来，这就是北海的亮点，让北海从此多了一个城市名片，我相信北海围棋的明天一定会更好！”

# 林如海：围棋是我一生的伴侣

素　木

初夏的午后，阳光热烈明亮。城市主干道旁，北部湾棋院的牌子在这栋大楼里并不显眼，浓荫掩映下，有阳光透进窗棂，也有风穿过。

推开虚掩的门，一个壮实的中年男子迎面走来，步履轻健，笑容明朗，他是北海市围棋协会会长林如海。原以为，带着北海围棋走出低谷，创造了北海围棋新的高峰期的人，该是一位睿智的老者，没想到，是这样一个朴实敦厚的形象。

林如海20世纪80年代末回到家乡北海，在北海围棋界耕耘了30年。这30年北海围棋的风雨兼程，他亲历了；这30年北海围棋的春华秋实，他亲见了。他说："围棋，是我一生的伴侣。"

20世纪60年代，为了响应祖国的号召，林如海的父母大学毕业后分配到重庆工作，从此离乡20余载。美丽的缙云山下北温泉边，是林如海人生的起点，这片山水灵秀的土地给予林如海灵慧的特质，而与生俱来的渔家儿女朴实本质却在他的灵魂中深深烙印，这或许就是成就他日后步入"棋"路，致力北海围棋文化事业的种种因缘吧。

独在异乡为异客，叶落总要归根。1986年，林如海的父母回到北海。彼时，改革开放的春风吹来，北海开始在经济舞台上大展拳脚。三年后，林如海完成学业，毕业回乡。他不是没有闯荡的激情，只是父母年纪渐大，他的姐妹又远渡重洋。父母在，不远游。林如海想，作为家中唯一的顶梁柱，好好陪在父母身边吧。于是，他进入父亲创办的北海最早的内联企业北海温度仪表公司，负责贵金属材料制作，一做就是7年，其间获得1991

年度广西科委科学进步三等奖，1997年度北海市科学技术进步二等奖、广西科学技术进步三等奖。7年的时间，在父母的羽翼下工作，不谙世事，单纯如少年。后来父母退休，少了庇佑，仿佛也挣脱了束缚，林如海离开公司，到市经贸委下面的一个新公司从事装饰工程工作。

这是林如海生命中的第一个转折点。28岁的林如海，在北海经济快速发展的浪潮中，真正开始了他的职业生涯。很多年以后，林如海总结自己的成功经验，却是一句再普通不过的话："用心做，勤劳做，把自己做好，相信会得到认可。"他一直践行着这样的理念，希望把自己的潜能发挥到极致。

装修工程于他而言，是一个完全陌生的领域，他想挑战，但没有急于证明自己。他花了大概半年时间去摸索、了解这个行当。他所在的企业是一家新公司，如何取得客户信任，在他看来，除了坦诚相待，也要和客户交心。经过一段时间的人脉积累，林如海开始在装修行业崭露头角，而后在南宁承接了许多工程项目，其中南宁市百货大楼、广西信托公司、人大会堂等很多代表性建筑工程都是他们公司承接的。

承揽广西信托公司的项目工程时曾发生了一件趣事，林如海认为，从那件事起，他在业内树立了良好的口碑，甚至由此形成了他一生的价值取向。那天下午，林如海和对方的项目经理约好时间一同检查样板房。他提前到达，没想到工地突然停电，6月盛夏时节，骄阳似火，工地楼房热气蒸腾，他要看的样板房在23楼，是不是换个时间再过来？还是再等等，或许就通电了。可万一对方已上去了呢，那不是失信于人吗？他左思右想，打定主意，不过23层楼而已，咬咬牙，挺挺就过去了。半小时后，项目经理坐着升降机上来，见到了像落汤鸡一样全身湿透的林如海，不敢相信眼前这个年轻人因为担心迟到，竟从1楼"爬"到了23楼。林如海始终坚持以真诚、热情、善良、认真、坚韧的品质打动他后来所接触的许多客户，加之他为人豪爽，以酒交友，这些人因此都成了他的朋友。几年后，这些优秀品质也成为他在棋路上披荆斩棘的原动力。林如海把以酒交友的豪迈也发挥到后来的围棋事业上。在2012年广西城市围棋对抗赛结束的酒会上，林如海敬完了6个代表队中的42位棋手，每人一杯，创了一个“海量”，从此，在广西围棋界也有了“酒如海”的绰号。

就这样，林如海独自开辟了自己的职业道路，尝到了成功的喜悦。同时，他也领略了社会生活的残酷，接受了种种锤炼，听过见过许多丑陋现象，但他在工作中从未遇到别人拖欠公司账款之事。他讲，是自己运气好。其实，这何尝不是生活对他的努力给予的回报呢？

20世纪90年代，北海正处于房地产开发风生水起的阶段，林如海完成事业上的第一次华丽转身，为企业赢得了可观的经济效益，但自己的精神价值呢？他开始思考。不久后，林如海转向了当时还处于低迷状态的北海围棋文化普及教育事业，这成了他在人生道路中又一步富有开拓性的“妙手”。

林如海喜欢围棋，对围棋的喜爱从大学二年级开始。学子们都是精力旺盛的年纪，课间之余喜欢干点“无益”之事，大家玩起了围棋。他不由自主在旁观摩，起初只是凑个热闹，后来渐渐喜欢起来，痴痴呆呆地研究了许久，一边在棋盘上操练，一边拼命研究克敌招数，经常通宵达旦地与同学过招。那段时间围棋被他视为“初恋”，耳鬓厮磨，如胶似漆，棋艺突飞猛进。玩到后来，这种对围棋的狂热痴迷变成了日常的朝朝暮暮、细水长流。

1989年，林如海带着对围棋的这份情感回到北海。回乡初期，找不到手谈对象的日子终究是寂寞的。天各一方的棋友想了个法子聊解“相思”之苦，林如海用纸画了一个棋盘，自己先下一手棋，再将棋盘装入信封寄给棋友，一来一往双方至少下了六七十手，寄了30多次信。那时不如现今网络发达，棋友收到棋谱再复一手棋又往回寄时，已过许多时日了。但是在林如海看来，围棋之妙正在于此，“共藏多少意，不语两相知”，这种乐趣不是空间和时间可以阻隔的。慢慢地，他在北海聚拢了几个棋友一起交流。那段时间，围棋只是工作之外的游戏。玩着玩着，他突然产生了一个念头：如果在这个游戏中玩出文化，该有多好！也许，在不久的将来，他从玩围棋到介入围棋文化推广，便是为了这样的追求，可以让他一辈子无怨无悔地投入其中，于是就有了1991年北海市围棋协会的成立。然而当时北海的围棋文化氛围还未形成，既缺乏经费支持，又欠缺开展活动的经验，协会断断续续经营了几年，最终注销了。但他没有气馁。谋事在人，成事在天。如同围棋下到中盘，要懂得转折，懂得取舍，有所失才会有所得。他想，北海围棋一定会等到那个机会的。

2004年9月，机会来了。这一年，全国围棋培训已开展得如火如荼，广西也挤上了这趟飞奔的“列车”。林如海敏锐地捕捉到某些信息，和六七个伙伴重新组建了北海市围棋协会，还成立了北海希望之星围棋培训中心。成立宗旨：为提高北海未来一代青少年综合素质作些贡献。当时的计划是3年率先在北部湾区域崛起，5年赶上南宁、桂林、柳州。大家开始四处奔忙，到各个学校开展宣传。起初他们到地角及高德一带开展围棋普及教育宣传，孩子对黑白子都挺有兴趣，可是家长们一听到要有系统地培训教育，就纷纷打了退堂鼓。在将近一年的时间里，推广普及围棋教育效果甚微，围棋培训中心招生也相当困难，伙伴们连工资都发不出了，工作难以为继。林如海说，大家再坚持一下吧，再坚持三个月。恰恰是这三个月的坚持，催发了北海围棋生长的春芽。2005年3月，他们前期所有的付出终于有了回报，北海市实验学校、银海区机关幼儿园分别找到协会接洽推广普及围棋培训事宜，北海围棋普及教育渐渐有了一点起色。

真正的转折点在2006年，林如海主动向广西围棋协会提出申请比赛项目。经过多方努力，于2006年8月成功承办了“贝因美杯”2006年广西少儿围棋锦标赛，这是广西第一次自主冠名的围棋比赛，广西各地市500多位小选手角逐棋枰，这次活动在社会上引起强烈反响。栽下梧桐树，筑巢引凤来。北海引来了国内首趟“围棋专列”，此后，北海围棋热迅速升温，从开始跟着别人走到拥有自己的品牌，从一个分校，发展到五个分校、一个棋院的规模。把这片曾经的围棋荒漠打造成围棋热土，林如海和他的伙伴们真可谓用心良苦。这期间林如海带领同伴们从幼儿园、学校入手，主动上门联系，讲述普及围棋教育的意义，印制散发宣传资料，开设广西围棋希望工程教育定期公开课，全程义务普及围棋教育，使孩子们从小就接受围棋文化的熏陶。为了更大范围地推广围棋教育，林如海无数次往返学校与教育机构之间，一个一个学校跑，一次又一次上门动员，有的学校不同意也不拒绝，对围棋普及计划敷衍了事，他不气馁，他觉得，围棋讲究的是“和谐相依，方成棋局”。以真诚热情感染对方，获得理解和尊重，才能无为而胜。在林如海和伙伴们的不懈努力下，2006年底至2008年，北海市围棋协会用了两年时间，完成了全市20多个学校一二年级学生的围棋普及教育计划。后来，北海围棋培训教程作为成功模式在广西全面推广，并进一步深化完善。

2013年4月，林如海与广西围协主席季桂明、广西围协副主席白起一组成广西围棋代表团，参加了中国围棋协会在大连主办的围棋文化论坛，他在大会上《关于北海市围棋发展之路》的发言，引起大会广泛关注。此后，北海与各地的围棋交流愈加频繁，围棋活动在北海开展得红红火火，越来越多的市民感受到围棋的魅力，围棋成为北海市民喜闻乐见的文化活动项目，成为北海又一张文化名片。

而今，林如海早已不再局限于本市围棋界的学习交流。他促进了广西希望之星围棋教育联盟、北海弈海清风俱乐部的成立，以推广北海围棋文化为工作重心。一方面，积极举办一年一度的泛北部湾围棋比赛，中小学、幼儿园围棋团体赛，北海市少儿围棋定段定级赛，北海市千人围棋大赛，南珠杯全国业余围棋冠军争霸赛，给全国各地爱好围棋的人们提供了交流竞技的舞台。另一方面，积极策划组织围棋文化交流活动。为此，林如海奔走于韩国、马来西亚、新加坡、美国等国家，参加围棋交流活动，辗转于国内各大城市，参加各种座谈会，探寻北海围棋文化发展的方向。他说：“学习围棋，应以文化教育为主，其次是学习交流为辅，最后才是竞技。来我们这里学习围棋的孩子，我更多地希望培养他们良好的思维方式，坚韧无畏的精神，睿智通达的大局观，在未来面对复杂的社会环境时，不盲动，善琢磨，具备取舍的能力。”

“致虚极，守静笃。”在对世间万物的体验、静观中，获得解决问题的能力和方法，这是中国哲学的“道”。数十载的围棋文化传播，林如海仿佛是一个虔诚的围棋传道者，在年复一年、日复一日的奔走中，他感受到的不是辛苦，而是愉悦与欣慰。

2019年4月16日，北海荣获“全国围棋之乡”称号，这也是广西第一个获得此殊荣的城市。“忽如一夜春风来，千树万树梨花开。”经过这些年的努力，北海围棋终于迎来了一波高峰期，围棋普及教育蓬勃发展起来。目前北海已有19所幼儿园、9所小学、1所高职院校开设围棋义务普及课程，每年有5000多人得到培训，累计培训逾12万人，并且在不断增长中。这种成绩可以说是惊人的，林如海等人所付出的努力可想而知。在林如海看来，这是他们长期以来努力耕耘造势而为的结果。他说，围棋能长久地传承，靠的不应该是竞技，也不是摆在眼前的一张张棋谱，而是靠围棋的精神力量以及所体现的文化魅力。林如海希望北海的孩子从小接受围棋文化教育，他说：“一定要重视青少年的围棋文化教育，这是我们的未来。我们要做好服务，包括为他们创造深造条件，能出一两个国手自然好。但是，大多数孩子来到这里，我希望他们能够通过学习，形成健康的生活态度，培养良好的个性，未来能够更从容地面对生活。”

只有经历磨炼，才会拥有百折不挠的意志。林如海曾经教过一个小女孩，他说：“这个孩子虽然很久没来看望我，但我想，她一定会记得这段围棋学习经历。”当时，小女孩在林如海带的段位班，但她学了好长时间也没上段位，而班上其他同学都是1段了。小姑娘很着急，林如海对她说：“没关系，这个暑假我们一起加油，全班同学都会支持你的。”小女孩又坚持了一年时间，还是没有打上段位，小女孩很失落，想要放弃。林如海再次鼓励她：“女孩子在学习围棋项目上比较吃亏，但你很勇敢，敢于和男孩子并肩战斗，你表现得特别棒。”小女孩的冲劲一下又上来了，第二年5月的段位比赛拿到了1段，接着又在10月的比赛中拿到2段。是的，这样的磨炼对孩子来讲太重要了，不仅培养直面挫折的勇气，也锻炼了解决难题的耐心和决心。林如海说，围棋学习，不仅是竞技，也是培养良好沟通能力的方式，如果说手谈是一场无声的交流，那复盘就是一次有声有形的探讨，这种交流方式是极其自然的，而且更利于提升人文内涵。

现在，北海围棋的学习氛围愈加浓郁，呈现出内外和顺之境。就内部环境而言，学习者已逾万人，少儿成人皆有。外部条件也已发展成熟，中国围棋协会和北海市人民政府初步达成全国围棋之乡建设战略合作协议。北海市围棋协会与马来西亚围棋协会签订围棋文化交流活动的友好合作协议，下一步将进行深入的学习交流，积极开展教育合作。北海与全国多个城市建立了长期往来关系，同时主办和承办了多次颇具影响的围棋赛事，诸如少儿围棋定段定级赛、北海市千人围棋大赛、南珠杯全国业余围棋冠军争霸赛、泛北部湾围棋联赛、北海市中小学幼儿园围棋团体赛、“贝因美杯”广西围棋团体赛、“亘家人凉茶杯”“南珠宫杯”“新绎海洋运动杯”“倡棋杯”“陈毅杯”广西希望之星围棋少年王赛、中国西部八省区围棋邀请赛等，这些赛事，在社会上引起轰动。北海围棋将走出国门，林如海在棋路上渐行渐远，他已打定主意将棋路进行到底。在未来，他希望和一群理念一致的围棋人一起，建立一个根据地，形成一套完整机制，高举“广西希望之星围棋教育联盟”旗帜，推进更多围棋普及教育公益活动，开展北海专属的品牌大赛……让北海围棋文化一代一代地发展传承下去。

在林如海的大半生中，围棋使他找到了实现人生价值的另一个途径，他在对围棋孜孜不倦的追求中，已和围棋合而为一。“众里寻他千百度，蓦然回首，那人却在灯火阑珊处。”冥冥之中，围棋早已在那里等着与他的相遇。

# 刘石龙：坐隐商海飞黑白

张北雁

我本对围棋一知半解，以为围棋就是方方棋盘、圆圆棋子，实际上，仅有的黑白两色，构成一个无尽的世界。

早年间，在沈阳棋盘山看人对弈时，得知围棋又称“方圆”或“坐隐”，特别是第一次听到“坐隐”这个称呼，感觉古风阵阵，就如乡野“聊斋”似的。

12月初，城围联2019赛季总决赛即将在开张不久的北海皇冠大酒店举行，因为从市围棋协会的朋友那里早早得到消息，不想错过家门口就能观摩高规格“坐隐”棋道的大好时机，便早早动身，提前赶到酒店。只见坐落在银滩核心景区里的这座大酒店十分热闹，进进出出的不是围棋选手，就是商界精英，还见到不少熟悉的身影。

这不，就在电梯出口处，恰逢一位大佬。

想知道是谁吗？那好，稍后介绍。

眼前这位，2002年进入资本投资和房地产开发行业，至今在多个公司担任总经理的他，棋力了得，估摸着比企业家身份还要响亮呢。

能在这种场合见到，一点也不意外。棋道如商道嘛，商界有不少人都喜欢下围棋。几年没见，60后的他乐观豁达，精神饱满，身材有型，保养很好，完全看不出他的实际年龄。

认识他，是八九年前的事了。当初，因为想在北海东郡小区买到打折优惠的房子曾找过他，他是这个楼盘的开发商。接触后发现，刘总不光是生意人，还爱好写作。我这个曾经的两个文学网站的版主甚为好奇，便开始关注他这个网名“学无致用”的新浪博客了，博文不多，但文采斐然，时而能分享到他的一些趣事，印象极其深刻。有一次，在他博客里看到他参加贵州卫视天元围棋频道“摆谱”的博文，记述了广西华蓝围棋会所组织的一个企业家代表团出访贵阳，并与贵阳棋迷交流“手谈”的过程，很是有趣。另一次，是从他发的《韩国围棋之旅》里得知他去韩国参赛了。得到的信息更是令人惊讶，从20世纪80年代末90年代初往后的十几年里，韩国棋手迅猛崛起，从第一届应氏杯围棋大赛聂卫平不敌韩国的曹薰铉，到后来的韩国围棋四大天王的形成，“韩流”称霸世界棋坛，国内棋迷为之震惊，同时也感到很无奈。他一直向往与韩国的棋界朋友交流，吸取其好的经验……他撂下的那句“我是中日围棋擂台赛培养出来的棋迷，聂卫平是我心中的民族英雄”，掷地有声，记忆犹新。

他出生于广西桂林下辖的一个小县城，高中时代正是中日围棋擂台赛棋圣聂卫平一夫当关，中国围棋最火爆的年代，加上当时中国女排连年卫冕，电视、报纸、广播无时无刻不在宣传。他和同学们正是热血青年，深受鼓舞，上大学报的唯一社团就是围棋，那时的很多同龄人应该都有这样的经历。

1987年他考入广西民族大学物理系物理专业本科学习。大学毕业之后，从国有企业普通技术员做起，28岁不到就在南宁市一个区的印刷厂当厂长。由于敢作敢为、业绩突出，两年后又接手一家有近700名员工的国营造纸厂任厂长。之后的故事依然精彩纷呈，他不断地创新求变，由一个小厂的厂长成长为一个地方较大国有企业的一把手，从基层干部做到广西轻工业局包装装潢印刷工业公司副总经理，命运的顺利让他的事业似乎可以按部就班了。但很多人没意识到的是，他今天跨界开拓的思考，那时就已然开始。那些年中，他思考了很多，也看见了很多别人看不见的机会，也见过曾经的城市引以为豪的产业随着时代的转型被推到命运的边缘。2002年，机缘巧合，在广东朋友的影响下，他勇敢地下海“试水”。不过，当时最艰难的还是他身份的转换，因为，一旦下海，以前拥有的身份、待遇、资历等什么都没有了。

他曾回忆说，他的父亲是干部，母亲是工人。母亲在43岁时才生下他，他前面还有一个哥哥三个姐姐，和最大的哥哥相差20岁，一家人都宠着他，从小到大没吃过什么苦，下海来自家庭的阻力自然不大，最大的阻力是自己能否放下。用他的话来说，下围棋每一步都在选择，关键时刻选择对了就赢了，选择错就输了，不可能从头再来。那么，既然已经思考过自己的人生，下海就是要挑战自己！

2002年，凭着不懈努力，在朋友的支持和鼓励下，他找到了下海后的第一个项目，通过开发邕宁新兴商业文化街赚了自己的第一桶金。接着，在百色田阳又完成了一个项目。身份转换成功，他的路越走越宽。

北海是海滨城市，也是旅游城市。房地产在20世纪后半叶的起起伏伏，伴随着夏天闷热的海风，成为很多人的记忆。2007年，有着灵敏市场嗅觉的他发现，北海烂尾楼已经处理得差不多了，房地产正在复苏，但房价还处在低位，有着极大的增值潜力。他立马着手组建北海佳丰房地产开发有限公司，并很快在高德拥有了40多亩地，成功地开发了东郡小区。尽管2008年销售期遇到金融危机，但随后中央4万亿加大公共基础设施的投入和各地政府的跟进配套拉动了内需，大环境的改善让他三个不同城市的房地产项目有惊无险，自有资金逐渐进入良性循环，仿佛在频频落子之中，摆下的布局隐约已成模样。

棋坛有句谚语叫“流水不争先”，棋界外的朋友不容易理解。它的意思是黑白两色的围棋是讲平衡的，要沉得住、稳得起，一开始就猛捞地或势，到后面很可能是负担。只有顺其自然，地势平衡，灵活弃取，进退有度，才是一盘好棋。

人生如棋，落子无悔。他的创业经历与国家经济发展同步，优胜劣汰，避险趋利。几十年的职业生涯中，他在不同角色间从容游走，未曾停止升级迭代之路。不停变化的同时，他亦有意识地保持着不变：从国有企业技术员、管理者，从创业到股东、投资人，他将亦庄亦谐的行事风格贯穿始终，巧妙而难得地实现了创业精神与围棋思辨气质的合二为一。

他自比为卖水果的，把房地产中好的、优质的板块都卖了，只剩下小的、差些的，如物业、商铺什么的留下自营，由更专业的团队按照科学的方式操作和打理，自己要用更多的精力多做一些长远的思索，多做一些资产配置、科学布局、有效投资的思考。

随着年龄的增长、阅历的增加，对围棋的理解也会更加透彻，从创业成功的几个公司的蓬勃发展不难看出，他确实是位布局高手。现在，他在南宁、北海、桂林也有投资。

在围棋方面，他认为北海的少儿围棋培训搞得非常好，当地的围棋协会素质高，热情而又严谨，与政府、与社会的关系融洽，互动很多，比人口基数大的南宁做得还要好。特别是北海市“围棋进校园工程”实施至今，已在幼儿园、小学、高职院校开设围棋普及课程，每年有四五千名孩子得到培训，近年来北海市围棋比赛的参赛人数、比赛规模和赛事影响力一直不断扩大，北海市被授予“全国围棋之乡”荣誉称号，这也是对地方政府推动围棋发展的一种鼓励和鞭策，目前正是北海围棋顺势而为的大好时机。北海环境美丽，历史悠久，区位优势突出，地处东西部结合带，是我国西部唯一一座沿海开放城市，具有很好的投资价值。这两年，北海发展快速，比桂林、柳州步子迈得还要大，来北海投资的客商越来越多，全市项目建设热火朝天。他认真研究了北海百亿大项目数据，有机会他会用实力告诉大家北海未来发展不可小觑。

很多人下围棋时以发现妙手为乐，但他却有独到见解：“妙手固然能一着制胜，但毕竟可遇不可求，不必强求赢多少子，还是应该按照自然正常的着法，认真下好每步棋。”这番话很值得当下做投资、搞创业的人们细细品味。

“我是以顺其自然的心态在做企业。”他感叹自己是个理工男，是个简单的人，圈子很小，只和围棋界人来往，现在很少跟人面对面下棋了，对围棋文化非常感兴趣，2009年开始支持北海市北部湾围棋联赛，从首届开始一共赞助了四届。他做过广西企业家围棋协会副会长、北海市围棋协会名誉会长，现为南宁市围棋协会副会长。

的确，对很多第一代创业者来说，他们的生活几乎都是工作，只有企业没有家，而他不是。他说："不能只知道进，还要适宜地退。我已经50多岁了，前半生创业打拼，后半生要享受生活。"这绝不是他的矫情，他考虑的不是怎么样挣更多的钱，而是怎样让自己的生活更加适应自己的人生观、价值观。我们在看待很多事情的时候不仅仅要看一个人的成功，更要看成功之后他所做的事情是什么。

现在，他每日坚持读书，每天步行万步以上，时而澳洲旅居，时而韩国和东南亚走走。他的生活只有两个圈，一是朋友圈，另一个是围棋圈。他既保持对新鲜事物的好奇，还有安稳人生的目标。能感觉到，从他身上散发出来的激情、专注及持久耐力，有一种包涵了自我激励、自我约束和自我调整的性格特征，这似乎都和围棋的价值观契合了。

这次城围联2019赛季总决赛又能相遇，知道他事务繁忙，亲自下棋的机会不如从前，但还能有这样对围棋的热爱，可见其对围棋的痴情和执着。

聊到这儿，你该知道我的这位朋友是谁了吧？他的大名就叫刘石龙！

至此，我仿佛明白他那使用多年的网名用意了，"学无致用"不是"只有学没有用"，而是"坐隐"中的"是为大用"！

# 刘杨：用心设计围棋之城

海边螺

说起他，不得不提到当年他的作品——20世纪90年代中期，地处北海南北中轴线四川路黄金地段的北海市规划局办公大楼、华通二期等，就是他的手笔，云南路上封闭式管理的银湾花园成为当地的亮点，也是全国建筑设计示范点，已是北海人改革开放中记忆的一部分。可那时候的他，还是一个毛头小伙子。近年在北海主干道上拔地而起的大润发、宁春城、南洋大酒店等几乎个个成了“网红建筑”，也都是他的杰作，这些城市风景为众人所熟知，而背后默默无闻的他已是人到中年的模样。

他，就是广西城市设计有限公司的老总刘杨。他不仅是建筑设计职业的大家、高手，还是城围联最终成型、成器的参与者、见证者。

在北海高新技术创业园的一个二楼廊道我们不期而遇，多年不见，难得相逢的机会。

“来来来，进来喝杯茶吧！”这个忙碌的身影，今天难得有空闲一叙。他热情地带领我们穿过一个满是年轻人的开放式办公区，进入一个小会议室落座。

这地方真不错，能感觉到这里充满活力。

一晃好多年没见了，70后的刘杨，看上去微微有些发福，架着一副眼镜，一脸的儒雅刚毅，他的事业正做得风生水起。看到他，我的脑海立马出现了一行字幕，还配上键盘啪啪作响的敲击声：“当设计图遇上围棋……”

“刘总，现在做建筑设计发大财了吧？”我顺嘴这么一问。因为，对搞建筑设计这一行我似乎并不陌生。我有个同乡，学的是工民建，早年间北海房地产火爆的年代，常见他白天正常上班，晚上家里灯火通明，趴在一副木架子上加班加点干私活，为新兴的各式民宅绘图画图搞设计，挣得钵满盆满。

“哪里哪里。”他感叹良多，边为我们沏茶边发牢骚：“建筑设计行业是一个可以发挥脑力极致的行业，外人看来，觉得我们现在是用电脑画图了，应该是很快的，复制复制修改修改，好轻松就能赚钱一样……其实我想说，如果你恨一个人，就让他来做建筑设计吧！”

他说，这个行业和经济环境密切相关，房地产不景气时不挑食，像做铺面这样小的活都接。可现如今，除了单纯画图，节能等各方面的规范越来越严，甲方的要求越来越多，一个工程图纸的修改不经过好几次绝对是不可能的，不论工程大小，最顺利的也要好几个月才能完成一个。随着设计链条的流水线化，还出现了很多组织类型，有专门做方案的，有专门做施工图的，有专门做地下的，有专门做人防的，项目上再细分可能就是有的专门做住宅，有的专门做公建，等等，行业竞争十分激烈，公司压力很大呢。

这的确是真实的刘杨，他不使用任何惊世骇俗的遣词造句，只说“我们主要业务在南宁，北海有任务便召之即来……”

这位国家一级注册规划师，对建筑设计有着透彻又独特的理解，搞设计确实有一套，但功夫在图外。他坦陈，现在，除了做建筑设计之外，也会和几位同道中人一起参与和组织一些围棋活动，合作共享一些项目。

从他的经历得知，这个公司的前身，原是北海市规划局下属的城市设计事务所，2006年改制而北上南宁，公司服务范围已涵盖建筑工程设计、市政工程设计、旅游规划设计、城市规划编制、土地规划设计、风景园林设计、施工文件审查、建设工程咨询等。公司的效益随着北海乃至北部湾的成长而成长，目前已是国内比较知名的建筑设计公司。公司培养了很多人，有不少跳槽到深圳、广州，还混得不错。在业界深具影响力的建筑作品相当一部分留在了北海这座城市里。从公司现在的业绩应该证明我的判断，他早已突破了自己，当下的任务应该是提炼他们的商业模型，梳理商业逻辑，让公司以后能够更加顺利地成长。

聊天中，我不只发现了一个新话题，从建筑设计师眼中如何跨越同纬度、海拔、气候、宗教和习俗，避免千城一面的建筑设计，到充满活力的城市与未来等都涉及了。也许有人觉得我问得多余，那该是规划局想的，但老百姓关心的就是自己居室的朝向、日照、绿地率、建筑密度，要的就是北海的城市生活如何变得更加宜居、美丽，就像有些人是活在当下，有些人可能是活在未来一样。因为，建筑设计不仅仅是出个效果图那么简单，它可以是一个大型景观，也可以是一个技术表达，更可以成为一个城市的风向，对社会对环境带来一些正面的影响。

他有很多观点令人耳目一新，比如建筑设计是一种需要有预见性的工作，围棋求胜负的过程其实就是围取空间的过程，空间感的把握程度往往能决定比赛胜负，等等，处处闪耀着棋道的智慧。他说，围棋作为中国古老的一种游戏手段，体现了东方人的智慧，玄妙无穷的运算法则蕴涵着深刻的哲理。建筑设计也是如此，盖一栋建筑要经过多重思考，规划要全面，测量要精确，构图要完善，细节要谨慎，因为失之毫厘，谬以千里，看似简单的步骤却是建筑的灵魂，正是这些才能建造一栋完整的建筑。

他说，建筑中有一个功能更像围棋中的眼，那就是消防通道，一旦有火灾只能走消防通道，消防通道就是围棋的“眼”，这让我听了猛地一个激灵，围棋的“眼”是个藏风聚气地方，若棋子被对手包围，外界无气可以出，就可以依赖自己的“眼”而不死，比喻形象啊！

设计如此重要，让我联想到多年前在广西融水参观苗寨的一处古老木塔时曾听到“房倒屋不塌”的说法，意思是，受材料的制约和功能的需求，古人采用的是木结构，每一个单体建筑在平面上都要设置柱子来承托上部构架，在各自的框架下让建筑达到稳定，使得古代大木结构能够屹立千年而不倒。我理解，正如棋手在落子前总要经过深思熟虑，对当前局面的形势进行判断，分析将要落子之处环境好坏，好则加以利用，反之则改变现状。

总之，聊到围棋时他的话特别多，趣事和流传的佳话他信手拈来。但有一点，是我们共同认识到围棋在影响人的成长方面作用实在不小。

刘杨就曾把女儿从小送到围棋学校熏染，开发智力。他还分享了一些心得：学习围棋可以体会脑力拼搏的最高乐趣，可以看淡输赢，可以有助战略思维，可以不急不躁，当然也可以提高设计和计算能力。

他说，围棋之所以有魅力，就在于它是“易学不易精”，主要原因就是围棋中的变化实在是太多、太复杂了。无论你是什么社会角色，只要懂得围棋，只要你进入这个“黑白世界”，就会有一种“神游局内，妙不可言”的感受。

出于好奇，我请教了他阿尔法狗与李世石、柯洁的那两次对决。他不假思索地说，我们不仅要看到当前中韩争霸依然是主流，也应该前瞻性地预见，围棋人工智能的出现，深刻地影响了世界围棋。

想当年，猛一看阿尔法狗这个名字，还以为是一类狗的统称，事实上，它是一款人工智能围棋软件，它曾分别与顶级围棋棋手李世石和世界围棋第一人柯洁展开“人机大战”，并最终取得胜利。而最近，网上又爆出了阿尔法狗再进化的消息，这不禁让人感叹，今后还有什么悬念吗？

看来，刘杨的人生的确不仅和设计事业关系亲密，更与围棋有不解之缘。他向我披露了当年自己和初创城围联的“渊源”，完全是机缘巧合——现任的华智城围联体育产业股份公司董事长雷翔，原在北海任职时就是他的老领导，2010年雷翔在广西南宁、北海、钦州、防城四城探索城围联赛制时便主动承担了任务。2011年与北海市围棋协会开始合作，致力于参与城围联赛制的完善和创新，即参照“NBA”（即美职篮）的模式，通过招商运营和政府支持，国内各个城市以俱乐部的形式加入，把两个人的比赛变成许多人的接力赛，做成了容纳一线、二线职业棋手和业余高手的一个平台，使得后来的比赛水平大大提高，激烈程度、观赏性和趣味性大大增加，同时又不失竞赛的精彩。

他兴奋地说，2015年成立的城围联尽管诞生时间并不长，现在已有32个队了，分别来自北京、上海、广州、深圳、南京、成都、武汉、西安、长沙、昆明、贵阳、南宁、苏州、柳州、衢州、北海等城市，划分为东部、南部和西北部三大赛区。随着赛事规模和影响力不断扩大，城围联成为国内极具代表性的职业围棋赛事，也成为普及和传承围棋文化的重要载体和平台，前景可期。现在，经济的发达、文化的体验和精神层面的追求，让围棋事业迎来了最好的机遇。从“全国围棋之乡”称号的获得看，北海无疑是我国围棋文化传承和普及工作做得比较突出的城市，“围棋进校园”活动做得有声有色……而他所付出的种种努力，无非出于三个情结，一个是老领导的感召，一个是公益助学，还有就是对围棋的情怀，否则就没有后面的故事了。

到现在我才知道，原来，刘杨就是这次在家门口作战的北海弈海清风俱乐部的投资人，他已摆脱了舒适区找到新的方向，俱乐部由世界冠军时越九段担任主教练兼队员，主要棋手包括曹潇阳五段、韦一搏五段、黄明宇二段和女棋手袁昱亭二段、赵一方二段以及广西籍业余高手王子华6段、张坤峰6段，公司影响力不断扩大。刘总做大的亮点，就是参与了城围联，参赛就可以进入股东，在城围联的大平台上形成一个从事围棋产业的企业集团，一个新型的商业生态圈因而得到共享。用他的话说，企业发展的深度，决定着不可替代的程度，市场的青睐，用户的依赖，还要加上公司的美誉度，才会实现社会关注度的提升。

老话常说，做熟行不做生行，凡事最怕坚持。现在的刘杨，在建筑设计领域打拼多年，关注围棋只是主动寻求改变的一种方式。他拥有丰富的建筑设计经验，特别是管理经验、品牌经验、项目经验、技能经验等等，他应是70年代末80年代初出生的那批年轻建筑师当中的新秀。要知道，很多人在人生的某一阶段都可能会因为种种原因而选择改变现状。我就见过各个年龄段上的朋友，有的在大学毕业后就放弃所学专业，有的在已经拿到高薪收入后选择辞职创业，有的位居高管仍选择换个方向从头再来，这些都需要相当大的决心和行动力，承受巨大压力，绝不亚于转行。

他说，自己有一个梦想，不远的将来在北海建造一座生态智慧的围棋之城，设计中他会注意在建筑与造型中转换传统文化和围棋元素，尽可能地向世人展示一些容易读懂的精神特征，以便展现这个作品的特色，因为只有特色才能赋予一个作品长久的生命力。

看来，这么多年了，这位厚积薄发的刘总，他的骨气还在，他的初心还在，他的愿景还在坚持，一直向心灵深处探求最终的归宿，既要做有灵魂的建筑设计，又要做热爱围棋、享受围棋、推广围棋的人。围棋与设计在他心中没有边界，乘风破浪只为到达心中的远方。

其实，借着刘杨的故事，几句话就能说清楚“围棋人生”的本质和内涵了。

## 张瑜：棋要一步一步地下，路要一步一步地走

丹 文

白墙黛瓦相映，配上中式仿古屋檐。还未走进中安·止泊园小区，已被它飞檐反宇、层楼叠榭的古典美吸引。走进去，果然惊喜连连，花草树木、小桥流水相映成趣，颇有中国古典园林曲径通幽的韵致。

是什么样的开发商如此闲适淡雅，如此注重人居环境，在房地产商纷纷逐利的年代，愿意耗费财力物力人力，把商品住宅打造得如此有格调？

借着此次采访北海企业家与围棋故事的机会，可以一识止泊园背后开发商，慰藉内心的好奇，也算是一箭双雕、一石二鸟。

一见面，我们就表明来意：北海是围棋之乡，市委、市政府想要编写一本围棋与北海的书籍。近年来，北海围棋能够越做越大，影响力越来越广，离不开北海企业家的倾力支持。止泊园当家掌门人张瑜对北海围棋的支持自不必说，他不仅自己喜欢下围棋，还赞助北海围棋品牌赛事。

听着介绍，张瑜有点不安，自认不敢当，马上宽慰起来："老朋友能过来聊聊天就很开心了。"

张瑜说起话来声音不高，慢条斯理中多了几分稳重。

"初识围棋，是上大学的时候。"张瑜慢慢回忆起来，高中是在江西老家农村读的，村子里可以玩乐的东西少，大学到了市里，看见藏书丰富的图书馆、洋气的乐器、有智力挑战的围棋，样样新奇，样样都想尝试，那种感觉就像刘姥姥进大观园，看啥都新鲜。

摩拳擦掌，心痒难耐，张瑜开始和同学学下围棋。"没有专门学习，下得多了，琢磨得多了，章法规则慢慢掌握了，也就算会下围棋了。"张瑜

说。

会下围棋后的张瑜，军旗、象棋通通不爱了。因为他觉得，围棋的规则更多，更考验智力。人往往这样，好像更喜欢做有挑战性的事情，无论是身体还是智力的挑战，而且越挑战越上瘾。

因此，一下起围棋，张瑜常常是棋逢敌手，对局深更。不仅如此，即使自己不下，看别人对弈也能看得忘了时间。

大学毕业后的张瑜，回到家乡的镇卫生院做起了医生，还当上了院长，做医生的几年时间，几乎没怎么下过围棋。

1992年，踏着建设祖国西南边陲的大浪，张瑜毅然决然弃医下海，在海南的房地产公司干了一年，其间，做过办公室主任、部门经理、人事经理等工作。

1993年，张瑜重拾围棋。对张瑜来说，重拾的不仅是围棋，还有他在棋盘上布局的人生伟业。

说起为什么下海。张瑜说，父亲就是医生，当医生一辈子就看到了头，觉得没什么劲儿。为此，张瑜还在1990年考了律师资格证。

机遇总是给有准备的人，不满现状就要为之努力。多年后，张瑜肯定想不到，当年考取的律师证会在创业路上带给自己怎样的收获。

谁没年轻过，一腔热血踏浪逐梦，是热血男儿最帅气的模样。在房地产公司干了一年，热血青年又蠢蠢欲动了，给别人打工不如自己干。

于是，1993年，张瑜和小伙伴来到了同样热火朝天、满地金银的北海。北海的起点相对低，好干事。回想起20世纪90年代在北海干项目的情景，张瑜说那叫一个容易，一个项目从报建到落地再到建成不到一年就干成了，和现在不一样。

潮起潮落会有时，而且涨落速度之快往往令人措手不及。

1993年来到北海，合伙创业把房子刚建好，准备大展身手之际，1994年北海就进入发展低谷。为了不让房子烂在手里，张瑜和其他几位老总亲自出马，上阵卖房。“结局还算圆满，花了一番心思，用了一些聪明才智，总算把房子卖掉了。”张瑜说。

在北海的第一笔生意就这样结束了，没有赚得盆满钵满，也没有败得太难看。一起做生意的朋友看到北海经济渐入低谷，纷纷离开了。

张瑜没有走，继续留在北海想办法。

坚守总会成功。

张瑜等来了机会。2002年，某公司在侨港镇的一块地要打包卖掉，找人接手。懂法律的张瑜弄明白其中的关系后，大胆接手。接手没多久，侨港镇政府出面要把地收回去。在这个过程中，张瑜得到800万的周转资金，周转时限两年。

“这事就像天上掉馅饼似的。”现在回忆起来，张瑜觉得自己的运气太好了。虽然，有时候不得不承认，人可能会撞大运，但其实，大部分的好运气是需要积攒的。这样的好运源于张瑜在当医生的那几年，努力考了律师资格证。在人人都不看好的时候，熟悉法律知识的他，瞅准时机，放手一试。

800万周转资金，足以让张瑜在棋盘上描绘他的事业蓝图。20世纪90年代做项目，政策好、速度快，张瑜一边做项目一边拓荒，项目越做越大，蓝图越绘越美。

1996年，张瑜成立中安房地产开发有限公司，公司名称一直沿用至今。几十年来，张瑜做了近十个楼盘，盘活了北海诸多小区。现如今，除了中安·止泊园，在房地产方面，张瑜还在谋划着棋局，他想在四川路地块做高层，在银滩地块做酒店。

除此之外，张瑜还把业务范围拓展到其他领域，在钦州有网络公司，在南宁有律师事务所，还在开发与物业有关的APP。张瑜说，在其他地方投资可能利润更好，但是北海是自己的幸运之地，在北海收获很多，所以，坚定地留在北海为北海做点什么。几十年来，张瑜始终把主要事业放在北海。

聊天中，张瑜总说自己的运气好。有所成的人似乎总把成功谦虚地归功于好运气。殊不知，好运气中藏着努力、坚持等看起来普通却是常人轻易放弃的品质。

在北海重拾围棋也是在20世纪90年代末。张瑜开玩笑说："别看我现在白，年轻时的我可不像现在这样，黑得像非洲人。"20世纪90年代末，有好几年好像没什么生意可做，那个时候每天的日常就是早晨起来游游泳，晚上找好友喝茶、聊天、下棋。

张瑜说得随意，可是对于一个事业蒸蒸日上，又处在人生黄金年龄的奋斗青年来说，没事可做的日子应该是难熬的。但张瑜却把那段时光讲得很惬意，颇有苏东坡沙湖道中遇雨的豁达。

这份豁达可能与围棋有着若有若无的联系。

坐阅几输赢，历观迭兴衰。围棋给予张瑜的，不仅是对落子输赢的淡然，还有对成败的包容，有对事业的坚守执着，有对结局一大笑、惊起山云飞的豁达心境。

在北海的几十年，张瑜不仅下围棋，还培养了其他的爱好。

他爱上游泳，不仅游泳自娱，还为北海的游泳事业作贡献。他是北海游泳协会的发起人之一，多年来，一直赞助游泳协会举办活动。

他喜欢跑步，不仅是忠实的跑步爱好者，还为北海市马拉松运动协会提供办公场所。现在，北海市马拉松运动协会的办公室就在止泊园酒店18楼，每年赞助协会举办活动。

2016年，第七届泛北部湾围棋联赛眼看找不到赞助商就要办不下去了，作为我市的围棋品牌赛事，如果终止，甚是可惜。随后，市围棋协会找到张瑜，向他说明情况，张瑜一听，爽快地答应，没人赞助那我来。谁承想，这一赞助就是4年。2019年4月，第十届泛北部湾围棋联赛在止泊园酒店圆满落幕。在此之前，张瑜也赞助过全市少儿围棋大赛。

张瑜说，做一件事，就要把事做好。

2011年，张瑜参加了阿拉善SEE生态协会的生态公益项目，在阿拉善盟的沙漠里捐种梭梭树，并助力当地居民脱贫致富。9年的公益路，现如今，张瑜已经具有阿拉善SEE生态协会的会员资格。

凝聚企业家精神，留住碧水蓝天。张瑜说，社会给予企业家很多，应该做点什么回馈社会。

2016年第七届泛北部湾围棋联赛

守得云开见月明。当年，张瑜坚守北海，如今收获了美好。

张瑜谦虚地说，自己没有大抱负，生意做得也一般，人生路上的很多事情就像下围棋一样，棋要一步一步地下，路要一步一步地走。

# 王世全：格局若棋局，可“围”可大

韩　丹

围棋有黑白，珍珠亦有黑白。

北海是南珠的故乡，北海也是围棋之乡。

今天要讲述的这个企业家，要说说他和围棋的故事，就绕不开他和珍珠的故事。

在北海茶亭路，有一座熠熠生辉、光彩夺目的博物馆，叫南珠宫。起初，原以为这是一座公共博物馆，一楼展示珠宝首饰，二楼历数南珠历史文化。谁承想，这样一个具有北海地标性的建筑物，竟然是企业家自己建的。

在北海大道边上，有一座特色鲜明的酒店，叫南珠宫酒店。

一座在城市北边的博物馆，一个在城市大道旁的酒店，竟有着相同的名字。而我却因为自己碎片式的思维，不曾将二者联系起来。

直到借着此次采访北海企业家与围棋故事的机会，在南珠宫酒店与广西南珠宫投资控股集团有限公司董事长王世全交流之际，呆呆地问他除了经营酒店外还从事什么。当他回答珍珠首饰的话音还未全部落下，我瞬间恍然大悟，原来坐在面前的这位就是南珠宫博物馆的创建者，肃然起敬之情更添几分。

一见面，还没聊几句，王世全就侃侃而谈，讲起了他的童话世界《大海精灵之珍珠姐妹》的故事。“大海精灵珍珠三姐妹分别是中国海水珍珠始祖马氏贝珠母与白蝶贝珠母、黑蝶贝珠母，她们是黑珍珠、白珍珠、黄珍珠三种颜色，代表了世界上三种肤色的人群。三姐妹中的大姐中国海水珍珠始祖马氏贝珠母出生在北海的白龙珍珠城，大姐联手其他姐妹历尽艰险共同寻祖，与地魔怪、风魔妖斗争，保护全球海洋生态，保护珍珠以及人类的生存家园。”

王世全说起话来带点四川口音，语言幽默又充满智慧。说起珍珠三姐妹的故事，他滔滔不绝，就像把一个心爱的宝贝向他人展示，但又因为这块至宝尚没能完全面世，言语中略有遗憾而满怀期待。

《大海精灵之珍珠姐妹》计划制作5部，共300集，是以南珠历史故事为载体的大型动漫影视剧。

王世全继续讲到，南珠历史源远流长，早在2000多年前，北海合浦就盛产珍珠，孕育了以“珠还合浦”为标志的厚重悠久的南珠文化。北海南珠，质地细腻、凝重结实、光润晶莹、浑圆剔透，品质居全球前列。南珠，未来将沿着习近平总书记“一带一路”建设和打造“向海经济”的伟大构想，走出国门，走向东南亚，惠及全世界。

从珍珠三姐妹讲到世界珍珠种类，讲到世界人种，讲到全球海洋保护，讲到“一带一路”建设，讲到“向海经济”，讲到人类命运共同体，听者被这种胸怀天下的格局所折服。心里默想，果然浓缩的都是精华，因为王世全个头不高。

可是这黑白珍珠与黑白围棋又有什么联系呢？

围棋可以治国，围棋可以治城，围棋可以经商。王世全正是用围棋的思维、智慧、格局谋划珍珠事业，或者说他思考的正是北海如何以珍珠为载体，谋篇布局。

“北海是南珠的故乡，是古代海上丝绸之路始发港。2000多年前，南珠从这里扬帆起航，走向世界。站在21世纪的新起点，北海该如何落子，如何谋篇布局，融入‘一带一路’建设，谱写新世纪海上丝绸之路新篇章？珍珠是一个很好的载体，应该把北海建成世界珍珠的集散地，让北海的珍珠走出去，让世界的珍珠融进来。”王世全心里透亮，北海面向东盟，区位优势非常好，从东盟出去，可以连接南太平洋，走向世界。

围棋有围，社会有规则。有智慧的人，总会想办法在有限的围栏中做无限多的事情，让围栏越围越广，就像人的格局，可以突破时空的限制。

就像当年，在北海发展将要进入低潮时期，王世全却风尘仆仆从西藏赶来，在北海建立第一个冠以“国际”字眼的酒店——“夜巴黎”，并在逆境中收获经济增长。

不仅如此，王世全还创立广西国发集团，建立北海国发海洋工业园，收购北海珍珠总公司，创办北海国发学校，北海国发还成为广西第一家以海洋生物产业为主业的上市公司。从起初创业艰难，到后来事业遍布北海，一路走来，王世全一步一个脚印，踏踏实实做实业，为北海的经济、文化、教育、医疗事业贡献力量。

当王世全在北海如日中天、风生水起时，他却选择了急流勇退。

王世全把北海的业务悉数转手，只留下了现在与南珠有关的南珠宫酒店和博物馆。

“西藏培养了一个团级干部，我要为藏区做点事。”王世全在西藏当兵十几年，西藏养育了他，他要回去，为藏区人民做点什么。

2010年，王世全在西藏成立了西藏高原之宝牦牛乳业股份有限公司，并在西藏、四川、青海、银川建立四大加工基地，100多个合作社和奶站，每年收奶上万吨，带动藏区牧民增收上亿元，安置藏区员工就业400多人。公司产品远销全国20多个省市及港、澳地区，成为中国乃至世界牦牛乳领军企业。

“低潮中也会有机遇。”王世全就是这样一个虽然身居“围”中，但是眼光格局早已超越围之限制的人。他说，围棋的棋盘，由曾经的十六格升到现在的十九格，棋盘在不断变大，人生的格局也要不断放大。

从四川到西藏，从西藏到北海，再从北海到西藏。看似兜兜转转一个“围”，但是王世全在“围”中做的事情却远远超越地域的界限，无论南珠还是牦牛，无论《海洋精灵之珍珠三姐妹》还是《亚克历险记》，都是面向全国、走向世界的大事业、大工程。

格局若棋局，可“围”可大。

王世全调侃说，钱是从社会赚的，就要为社会做点事。在北海赚了钱，就要为北海做点事。

这么多年来，王世全像爱南珠文化一样关注支持着北海的围棋事业发展。

1998年“南珠宫杯”全国业余围棋大奖赛在北海利源大酒店举行。

在刚刚过去的2019年，南珠宫酒店光围棋赛就赞助了三场，分别是第一届南珠宫·南珠杯全国业余围棋冠军争霸赛，城市围棋联赛2019赛季1/2决赛北海主场南珠宫酒店专场，2019年第十七届北海市中小学幼儿园围棋、象棋团体赛。早在2014年，南珠宫酒店就赞助中国北部湾围棋联赛。2015年，还赞助了广西希望之星青少年围棋精英赛等赛事。

在王世全看来，围棋是北海的文化。曾经被认为文化沙漠的北海，现在是全国历史文化名城。“文化对一个城市的发展具有重要意义。要通过智慧的竞赛，不断提升北海的城市文化品位。”王世全说。

问王世全下围棋厉不厉害，他用那带着孩子般的真诚笑容连忙摆手：“不厉害不厉害。”

也许王世全下围棋真的不厉害，但是围棋的精髓他却领悟得很透——“启智养德育人”。

# 李应坤：围棋世界的黑珍珠

景　茹

北海黑珍珠化妆品公司的掌门人李应坤，在创新利用纯天然珍珠做化妆品方面，有同行说她是一匹黑马。其实，她趺趺撞撞，踏平坎坷成大道，是十年磨一剑。

在如今林林总总的化妆品世界里，能独辟蹊径，独占鳌头，真是很不容易。一时间人们对她神话般传颂，有人说因她长得美丽，是最好的代言人；有人说因她创造了无添加的产品而鹤立鸡群；有人说她用好了队伍，是员工把企业当成了家；有人说是她企业升级换代，有了开放让利格局。然而李应坤却说，是因为结识了围棋，机缘巧合。

初识围棋，李应坤是出于对产品的宣传。当初，她研发了无添加的护肤品，非常好的面膜，市场需要推广、需要宣传，必须寻找好的渠道。李应坤在寻找这个出口，无意中与一位久别的朋友相见，使她与围棋结缘，多了一个品牌宣传的重要窗口。

当李应坤走进围棋世界，当她掀开围棋神秘的面纱，有了第一次美丽邂逅，再也忘不掉围棋，她觉得这不仅是一条很好的销售渠道，更重要的是，她从围棋世界中悟出了人生的哲理和对事业的态度。

走进围棋，她感受到博大精深，怀着近乎膜拜的心情，有种“众里寻他千百度，蓦然回首，那人却在灯火阑珊处”的感觉。围棋不仅是一种智力技艺，更重要的是它背后蕴涵的文化，一生二，二生三，三生万物。围棋发源于天地之“道”，从诞生的那一天起，就打上了文化的烙印，棋局虽小，可容天下，围棋的最高境界便是和谐。围棋不是象棋，不是一个一个地吃掉对手，以减少对方的力量来消灭对方。围棋是两边从零到多，都在创造，都在发展，围棋在于谁创造得多，谁围得多，就有了“气”，而不是恶性竞争，这与李应坤所追求的事业境界和人生态度不谋而合。

围棋是组织力量的最大化，而不是利益最大化，李应坤重复着这句耐人寻味的话对作者说，城围联的创新就在于此，从棋弈一对一，发展为接力比赛下完一盘棋，完善了围棋的团队意义，这有助于力量最大化，这与企业结合得更紧密了。以围棋来进行管理，也就是说企业的资源，包括资金、人、财、物和时间等不是用来打败对方，它们更重要的作用是加强自己，提高企业素质，凝聚团队精神，提高自己业务能力水平和效率，增强消费者的满意度。

她从围棋中进一步悟出：棋要一步步地下，但每下一步，要多往前想几步，经营企业何尝不是这样，树企业品牌，不能急于求成，要一步步地做；在谋划上，要多想几步，走好每一步，成功的可能性才大。李应坤感叹她的企业正是这样一步步地走过来的。刚开始只有润肤的三个种类，慢慢地做，不断突破拓展，到现在有几十个品种，科技助推从传统的化妆品模式升级换代到无添加，就是这样踏踏实实地干，让时间的力量、产品的质量促使企业持续健康发展，产生了惊人成果。

李应坤说，遇见围棋是最美丽的邂逅。围棋是一个全局观的智力活动，我们做任何事情都要考虑多方面的关联，围棋世界如市场商界，里面有战场，牵一发而动全身，围棋思维让企业家做事更从容有深度，下足功夫每一步都要考虑周详。

自然的东西具有自然之美、和谐之美、天成之美。围棋，其所蕴涵的经久不衰的生命力，就在于顺其自然。围棋中的黑白世界，与大海的精灵黑白珍珠亦相似，因为围棋崇尚自然，恰似孪生姐妹。黑白世界的真谛，就存在于自然之中。在围棋的对局中，行棋十分自由，棋子下在何处，讲究顺其自然。可以说，围棋的游戏规则就是一种自然的法则。围棋与珍珠相结合，相得益彰。

南珠是北海最具地理标识的特色产品，是北海的文化符号，流传千年的南珠文化，留下了“珠还合浦”等家喻户晓的传说，在璀璨的珠宝世界里，南珠无疑是显赫的王族。明代李时珍发现了珍珠的药理作用，珍珠有美肤的药效，他在《本草纲目》中特别写道：“珍珠味咸甘寒无毒，镇心点目；珍珠涂面，令人润泽好颜色。涂手足，去皮肤逆胪；坠痰，除面斑，止泻；除小儿惊热，安魂魄；止人遗精白浊，解痘疔毒……令光泽洁白”等，同时还记载了珍珠药用的多种方法。《中华人民共和国药典》及《中药大辞典》均指明，珍珠具有安神定惊、明目去翳、解毒生肌等功效，现代研究还表明珍珠在提高人体免疫力、延缓衰老、祛斑美白、补充钙质等方面都具有独特的作用。

围棋与珍珠珠联璧合，灵动缥缈。有人说，围棋世界的黑白二子，似大海黑白珍珠，形色、质地与品格同在，还有人用珍珠作为围棋子。围棋与北海南珠完美融合，那更是诗意、高贵，体现出一种和谐的精神之美。

围棋世界与李应坤的珍珠世界一脉相承，才有她今天珍珠系列化妆品的诞生与发展。黑珍珠化妆品崇尚天然，以北海珍珠为原料，无添加，也是采取自然法则，养肤养出自然之美。一颗颗棋子来自自然，潇洒地展示自我；一颗颗珍珠来自大海，神奇地走上女士们的梳妆台。李应坤遇上了围棋，从中寻求到灵感，找到了她心中最美好的表达：黑珍珠化妆品用后会给人自然美、和谐美，让爱美的人“巧夺天工”。黑珍珠邂逅围棋是双方的幸运，完美搭档，值得借鉴。

李应坤30岁创业如开盘布局，到50岁企业在中盘实战中。她直言，结识围棋是她企业寻找突破口最关键的时候，也是最困难的时候，当时企业一度陷入困境，是围棋世界点亮了心中的灯，经营企业有苦有乐，落子无悔，人生没有回头路，在关键的选择上一定要谋定而后行。有舍才有得，会舍才会得。她回顾企业的发展，在创业时期，靠胆识和机遇拥有了第一桶金；在企业发展遇到瓶颈的时期，靠的是创新和科学管理；在成熟与壮大时期，靠的是产品的质量、销售与品牌。

李应坤满怀信心，如今企业升级换代，又建了新的综合大楼，集生产、科研、销售与展示为一体，还请了国内一流的艺术家进行艺术创意包装，努力建成北海乃至广西工业旅游文化打卡基地，为全国化妆品行业增添一处亮丽的文化艺术景观。

李应坤深谙围棋中的智慧，她对围棋事业的情怀体现在企业十分困难的情况下还慷慨解囊，毅然决然支持城市围棋联赛的活动。

华智城围联体育产业股份公司副总经理张莉对李应坤作了这样一番评价，她说：因为李应坤对围棋的情怀，对于围棋赛事的支持，“黑珍珠”成功进入城围联的商业圈，李应坤也进入城围联体育产业商业联合会，并当选为联合会的创始会员。

城围联2015年成立，5年来一直探索联赛模式，已赢得国内外行业以及跨行业的广泛认可。城围联赛事现在已经做成了国际型赛事，国内有23个城市、32个俱乐部，国外有9个国家和地区参加。城围联的创新在于：围棋由一对一发展到多人对弈，做成全国性、群众性的智力运动。就像运营公司一样，融合更多人，把围棋智力运动做到国家层面和全民参与，参与其中的企业团队会得到全面锻炼和提升，对企业的发展和品牌推广都会大有裨益。

李应坤是2015年跟城围联一起走过来的，作为创始会员，她是有市场敏感和历史风向标的人，从这个意义上来讲，她已经超脱了一般企业家的思维。

李应坤外表看起来很柔弱，但她对自己的护肤品产业发展很执着，坚持做好这么一件事，一辈子把这一件事情干好，选择了一条非常艰难、不断攀登之路，勇往直前。在这条路上，李应坤主动与文化结缘，与围棋结缘，做化妆品是美丽的事业，而她又做文化方面的事情，她的企业和她带领的团队更具有文化内涵，更具有公信力和美誉度，在围棋世界拓宽了自己企业品牌展示平台，产品有了更广泛的宣传渠道，有了一个新的宣传爆点，走进了一个崭新的营销模式，借助热度越来越高的城围联成为人们广泛关注的品牌，这个爆点就是新的机遇，不是吗？城围联愿意为她的产品做宣传推广，互动体验。而且广西华蓝设计集团公司董事长雷翔专为李应坤的企业提炼了一句广告词：“一局一天下，一盒一世界”。这是雷董事长第一次为一个创始会员企业做广告宣传。

李应坤是有战略远见的人，善于把握机遇。她说，借助城围联的广泛影响力，一定在一个更加广阔的平台上做好企业的事，不断发展、创新，与围棋事业同呼吸共发展，为推动城围联走向世界尽一份力量，黑珍珠生物科技公司要做得更好，让世界见证中国化妆品的美，让中国品牌扮靓世界。这是从业者的责任与使命，也是黑珍珠提升民族化妆品品牌的目标！

# 银滩天玺话围棋

景 茹

2019年12月1日，银滩天玺·城围联企业家围棋邀请赛在北海市举行，由企业家为主力的28支队伍、近百位嘉宾参加比赛，也是城围联历史上规模最大的一次企业家围棋赛。

本次邀请赛由“银滩天玺”冠名，比赛安排在银滩天玺售楼部进行，我以作家身份受邀采访参赛的企业家。

当我来到“银滩天玺”售楼部时，即刻被它的建筑设计所吸引，犹如围棋黑白相间的布局，左右逢源最适宜，高低配合是棋理，开局当下三四路，挂角守边是次序。这里，凸现了几何型线条，简洁、时尚，黑、白两种色彩造型，高高低低，错落有致。一条水系环绕其中，随着起伏高低水流穿梭，时而瀑布，时而激越，时而缓和，当水流经黑色如镜的瓷面，微风轻吹，泛波荡漾。白色玉一般的墙裙十分温润，造型精巧，不规则搭建起一座现代建筑的模样。绿色草坪宽阔而又葱茏，草坪上散落有景观船、贝壳、珍珠、雕塑。银滩天玺所呈现的是一砖一瓦一草一木的无缝对接，精致、精细与到位，独具匠心。供客人休闲的各式桌、椅及书吧，简洁明快，格调时尚，目之所及充满了现代与浪漫、时尚与高雅，引人驻足。好奇心驱使，想看个究竟，问个明白。

不用说，在这样时尚典雅的环境中对弈，不仅能启迪思维，开发智力，更能满足人战胜对手获取优胜的心理需要。北海的美丽和天玺的时尚受到参赛选手的喜爱。

心理因素对围棋竞技水平的正常发挥和获取胜利至关重要。围棋是一项智力对抗，从布局、中盘到收官，始终隐藏着心情变化矛盾，环境会影响一个人的心情。清代著名国手施襄夏在《弈理批归》中说：下棋一定要做到“心与天游，神与物会”才能出神入化，游刃自如，特别强调心理与环境因素。在天玺下围棋，人的气质高雅了许多，心情笃定，思维超前，正应了琴棋书画中棋的优雅与情趣。这里，成为北海不可多得的景观和难得的围棋比赛胜地。

近年来，在北海举行的国家级围棋盛事不少，围棋的繁荣得益于北海人对围棋的喜爱，从学校到家庭，从机关到企业，北海的围棋运动蓬勃发展，拥有深厚的群众基础，已经成为广大市民尤其是青少年儿童最喜爱的项目之一，就连涠洲岛上的学生也开始普及学习围棋了。北海不愧为全国围棋之乡。

当天，近百名来自全国各地的知名企业家和跨界名人、职业棋手、业余高手汇聚天玺一道切磋，以棋会友，共寻商机，促进了城市之间的交流与发展，给北海带来了商机。

城市围棋联赛为广西本土成长起来的国际体育竞赛表演品牌，首个采取市场化运作，具有自主知识产权的国际性赛事。自2015年开赛以来，历经5个赛季发展，城市围棋联赛已成长为国内规模最大、覆盖区域最广和参与人数最多的国际围棋联赛。2019年共有来自中国及日本、新加坡、泰国、澳大利亚、美国等四大洲8个国家32支俱乐部近400人参加赛季比拼。北海弈海清风俱乐部连续5年参加城市围棋联赛，每个赛季都打进了季后赛，并于2016年赛季获得亚军，在2019年赛季再次获得亚军。

北海美丽的景色、独特的人文和自然风光给嘉宾们留下了深刻印象。

第一次来到北海的台湾围棋教育推广协会理事长张昭焚说，他看到了北海对围棋运动、围棋文化发展的重视。作为企业家，他也看好北海的发展前景。

武汉汉商集团董事长张宪华说：“北海是围棋之乡，景色也很美，有很大的开发空间。这个比赛是全国著名的比赛，作为我们棋友来说，这是一个很好的地方、很好的比赛。希望今后有机会能够合作，为北海的发展作点贡献。”

作为天玺城围联邀请赛的冠名赞助单位，“银滩天玺”高层学历都很高，有北京大学、中南政法等名校的高才生组成的精英团队，而且都是多年的围棋爱好者，具有几十年下围棋的经历，几乎集体参赛。在这次赛事中，已有10年围棋经历，业余3段的公司股东葛金锋亲自上阵。他说，围棋给人平和的心态、包容的哲学、经商的耐心，围棋爱好影响一个人的成长和性格，这是一种智力游戏，它与一般的体育运动不一样，对思维的训练有很大帮助。城围联这个活动，对推动北海围棋竞技水平的提高，起到了促进作用。

天玺股东胡平林自有一番感慨：在青年时期就开始下围棋。围棋是中国文化，围棋有大道，平等坐下；忘忧，有佛家思想，从容输赢，经历人生更通透。他说，天玺的设计建筑，无不受到围棋思想影响，做建筑做楼盘，讲的是格局、沉稳、包容、平等、雅趣。

天玺，矗立在银滩中心位置，周围是五星级酒店群、金融小镇、旅游核心区、文化城、雕塑群，要与这些标志性亮点相匹配的，不仅是一个楼盘，更应是一个文化引领的作品，有美术馆、艺术文化展示区，具有文化艺术亮点的宜居房产，社会效益和经济效益都要考虑。在美丽的银滩体验着忘忧、手谈、坐隐的趣味，享受着围棋带来的愉悦，这也是北海围棋史上的一大幸事，也是城围联事业蓬勃发展的一大盛事。

“天玺”的正前面，是素有天下第一滩美誉的银滩，以其滩长平、沙细白、浪柔软著称，是四季可游泳的天然浴场。天玺的北侧，是情人岛公园，拥有原始森林、小溪、山丘、内湖，还有小木屋，是情人夜话、烧烤的好地方，自然景观独特。天玺东侧，是冯家江国家湿地公园，这是一条内陆江，与海交汇，在江的下游退潮时露出千姿百态的根雕，涨潮时海面上红树舞动摇曳，清晨万只白鹭在飞翔……

因为一次采访，不期而遇银滩天玺，无意中撞入眼帘，这么好的位置，创意的设计，引起我的兴致。它身处银滩核心区，周围有银滩公园、海滩公园、情人岛公园、红树林湿地公园、冯家江国家湿地公园、园博园六大公园，这是一个令人惊羡的所在。

我曾经梦中的海景房，有银色沙滩、蔚蓝大海，江林环抱，一年四季都变换着不同的色彩，环绕着一座花园洋房，构成独有的风光。然而，在20年以后的今天，它却在这里等着我了，它的名字叫“银滩天玺”。真有意思，它坐落在银滩3号路与上海路交会处，我用脚实地丈量了一下，离海边只有300米，最远的距离也就500米，我喜欢近海这个距离，我想起了海子的诗：“从明天起，做一个幸福的人……我有一所房子，面朝大海，春暖花开。”

说实话，在北海生活了20多年，却没有时间常去海边观景。近段时间从事艺术的哥哥来北海小住，总会说：“走吧，我们去海边。”

为了观海上日出，我比太阳起得更早，看太阳从海面上喷薄而出，如洒下万把金豆，在波澜起伏的海面上翻腾，湛蓝的海水涌起洁白的浪花，追赶着我亦步亦趋的脚印，人与大海同框，生动美丽。

夕阳西下时来到海边，晚霞染红了海面，铺出一片金红的哈达，海与天连接如水彩画家刷出的颜色，一层淡紫，一层橘红，一层浅灰，一层蔚蓝，在时光的推移中，这些色彩还在调整、变换着。大海边三三两两的人儿被晚霞映照出一对对剪影，没有比这更美的景色了，我被眼前的美景裹挟而陶醉。

夜幕降临，天渐渐地变色，天边那五彩的颜色如幕布一层层往海中坠落，退去那片红、那片紫、那片蓝、那片灰，最后一块纯黑色的幕布拉下，一块纯净的黑布把大海笼罩，黑夜来了，月亮爬出了海面，越爬越高，终于高挂在天空，发出如同白昼般的光如泼水般地倾泻在黑色的海面上，神秘而梦幻，纯净而简洁，心有多大，海的舞台就有多大。

在海边又邂逅了一场缱绻的雨，细雨霏霏，眺望远方，万千的思绪，白色背景，浅灰的海，海天一色，雨在海面上挂起一串串纱幔，朦朦胧胧，云遮雾罩，一艘艘船在海面上影影绰绰，由近至远，好似一幅大写意的国画。

一旦去了海边，就会被海迷住，有趣又多情，浪漫又温柔，健硕又伟岸，禁不住泛起在海边拥有一座房子的欲望。令我入迷的，是“天玺”独一无二的设计表现，呈现的都是文化，反映的都是艺术，做足了文化与创意的功夫。在那儿小憩，来一杯咖啡，有典雅高贵之感，让我一下就喜欢上“天玺”了。

天玺，总占地面积128亩，总建筑面积约16万平方米，融滨海风情休闲商业街、星级酒店、特色民宿和高端海景住宅于一体，将人们对海的向往融入建筑功能空间与景观设计之中，匠心筑就理想旅居住所。天玺，是按照人居理想，从容地布局了一盘适宜人居的棋盘，这是比较高妙的棋阵，楼盘是少有的2.0低密度容积率，10栋建筑造型极具个性，富有滨海元素，波浪曲线进行勾勒，如身着浪漫长裙的美女，亭亭玉立痴情地眺望着远方的大海，等待亲人归来。天玺，无愧“银滩之芯”，它的名字，或许应该叫“银滩之芯”，我走着想着，抬头发现就在我面前的一面墙上分明写着“银滩中芯”，英雄所见略同，如同金星与木星悄然相会，有相拥的趣味。

从千里之外来北海的艺术家哥哥也被这里的一切吸引，不承想在北海买房的他，在这里也产生了文创的念头，一锤定音在这里置办下亲海的房产，还在孕育着一个梦想——在这里的顶层建一座美术馆，它可以不大，却渗透着在这里宜居的生活情调。他说，这里让人们选择的是一种生活态度和方式，不是为了买房，而是为了梦想。

哥哥是见过世面的人、行走世界的人，能被触动，对他来说真是一件不容易的事。一位艺术家心中的梦想，意味深长，犹如与离别多年的情人相遇，了却了多年的等待。他嬉笑着说，或许自己的后半生将挥洒在这里的一草一木中，在诗意浪漫的大海边，创作出不朽的作品。

“天玺”的总设计是几位著名的企业家，也是建筑设计创梦人。葛金锋和胡广平都这样说过：天玺出身北海最富贵美丽的地方，肯定要打扮成一流的孩子，要品质优良，才不愧对这片银滩之芯。为了“银滩天玺”的孕育诞生，公司集合了精英智慧，更是走过看过考察过很多优质楼盘，“胎教”了20多年才诞生。毕竟保留下来这块地不容易，政府还能同意在银滩核心景区开发商品住宅小区，几乎是绝无仅有。

是的，“天玺”的诞生，经历了北海20多年的沧桑巨变，潮涨潮落，一直在“保胎”不让它流产，努力让她顺产，不早产，是在天时地利人和的大环境下应运而生的，银滩周边都美丽起来，拥有配套的国际性酒店、金融产业城、旅游服务集散中心，恰逢政府将引巨资打造国际型滨海人文旅游区的时候。

这是一帮文化人在打造培养“天玺”，他们是在完成自己的梦想，做一个作品，打扮一个城市。围棋与人生，人与事业相辅相成，相得益彰。天玺，从建筑、景观、室内等不同的设计角度阐述着人们一直探寻的居住理想中的生活之棋。或许，这就是一本围棋与人生的大书。

围棋不说话，银滩天玺的房子却火了。

# 第三章
# 北海棋手

## 围棋赵氏父子

姚　民

赵子骥，赵令文之子，北海第一位围棋职业棋手，职业二段，1985年10月生于广西北海，6岁开始接受父亲的围棋启蒙，2000年7月在山西陵川成功定段成为职业棋手，同年入选国家少年队。2005年开始成为职业教练，曾在北京聂卫平围棋道场、大庆雏鹰围棋学校、无锡新星围棋学校、深圳南山棋院、东莞莞邑棋院任教，指导过众多围棋名手。

说起北海围棋，不能不提赵令文父子，这是北海最著名的一对围棋父子。父亲赵令文是北海市早期业余围棋冠军、热心的围棋活动家，是北海市早期各项围棋赛事和活动的发起者和组织者，对北海市围棋的发展起到关键作用。其子赵子骥是北海市第一个职业棋手，现成为职业教练，也为围棋的发展作出了积极贡献。

赵令文酷爱围棋，具有相当的水准，在20世纪80年代和90年代初期是北海围棋的第一高手，在1991年的北海围棋定段赛中获得冠军，成功定级为业余3段。除了喜欢下棋，他还热衷于组织各项围棋活动，积极推动北海围棋水平的发展，关心关爱北海业余棋手的成长。他曾经参与并组织的比赛有：在市文化宫举办的北海市职工围棋比赛和北海市围棋定段赛、在皇都大酒店举办的北海市职工学生围棋擂台赛、在劳联大厦举办的北海市直属机关青年围棋团体赛、北海贵港玉林三城市围棋对抗赛等，并曾作为北海市围棋队领队，带队参加广西壮族自治区运动会。

赵令文为人热心，每个周末，他把位于环卫路蔬菜公司宿舍的自家住宅腾出来，提供棋具和茶水，免费供各位业余高手交流棋艺，无论水平高低，只要热爱围棋他都表示欢迎。每到周末，这栋二层小楼宾朋满座，不时响起叮叮当当的敲击棋盘的声音。赵令文一直不遗余力地为推动北海围棋的发展而奔走，对于这一点，合浦棋王王凯波曾经深情地回忆道："我很感谢赵叔一事。1992年，王洪军新任广西围棋总教练，广西巡回赛到了北海，赛场在石化厂宿舍区饭堂二楼，赵叔专程搭车到合浦找到我，叫我出赛。很感念。"

更为难得的是，赵令文对后辈棋手的热心帮助和提携。当时的中学生棋手方海伟、裴清、方灿、晏海涛等人都得到过他无私的指导，这批中学生中不少人后来都成为北海业余围棋的翘楚。

令人遗憾的是，这位为北海围棋作出重要贡献的棋坛功勋前辈，因病于2013年3月逝世，是北海围棋界的重大损失。父亲的去世让赵子骥悲痛不已，他情不自禁地回忆起在父亲的影响和培育下，逐渐成长起来的往事。

赵子骥6岁就开始接受父亲的围棋启蒙，当时赵家聚集了大批的北海围棋精英，在这种耳濡目染的浓厚氛围之下，小小年纪的赵子骥就体现出过人的天赋，很快，父亲已经不能给予他更多的指导。1995年，赵令文亲自把年仅10岁的爱子赵子骥送到南宁市体工队训练，师从黄才进5段。辗转多年求学下棋，不乏父亲陪伴的身影。这期间赵子骥参加了无数业余比赛，而每一次比赛，父亲只要有空都争取陪伴左右，在胜利时提醒年轻气盛的赵子骥戒骄戒躁，在失败时给予鼓励和安慰。让赵子骥印象深刻的业余比赛有两次，一次是在某次广西少年围棋比赛中，在已经基本锁定胜局的情况下犯下非常低级的失误而痛失冠军；另外一次则是参加第一届TCL杯全国业余围棋锦标赛，也是在局面大优的情况下因打吃没看到，而失去争夺冠军的机会，这一次他不禁失声痛哭，哭了很长时间，这也是年幼的赵子骥第一次为输棋而哭泣。

经过多年的磨砺，赵子骥在广西业余围棋界闯出了名堂。1997年，为了更进一步，赵子骥又进入河南积薪围棋少年队继续深造，师从王剑坤7段。由于河南距离广西路程遥远，父亲已经不能常伴身边，但赵子骥在经历了短暂的思乡之情和不适之后，很快就融入这种封闭式的训练。队里有20个左右年龄相仿的小伙伴，他们和老师一起吃住在学校，只有在晨练的时候才可以外出。老师的管理非常严格，入队训练前首先要检查行李，不准带零食、钱和玩具，然而这些聪明伶俐又调皮捣蛋的小伙伴们为了躲避老师的搜查，会把零食粘在床板下或者窗台外面。每天早上6点半就得开始晨练，8点正式进行围棋的专业训练，一直持续到晚上。别看小伙伴们平时关系都很好，可是下起棋来谁也不服谁，经常会为棋争论不休。专业围棋训练非常辛苦，这种简单而枯燥的生活日复一日地重复着，但由于有着一群意气相投的小伙伴一起，那时候的赵子骥反倒感觉是最开心的时刻。

1999年，赵子骥参加了在北京举行的定段赛，向职业棋手的理想发起冲击。这次比赛中，赵子骥身体出现不适，有一盘对局是在高烧39度的情况下进行的，每下一步棋都要趴在桌子上休息一下，最后还是顽强地坚持到比赛结束并取得胜利，最后扶着桌子走出赛场。这种艰苦的比赛不仅是比拼围棋的竞技水平，还是对身体、对意志的双重考验，赵子骥在状态不佳的情况下，这次冲击最终还是宣告失败。

这种被外界誉为“围棋高考”的定段赛，是非常残酷的，有时甚至会决定一个冲段少年的人生命运。在定段失败之后，他也曾经想过要放弃围棋，毕竟那时是休学去参加专业训练的，时间上、经济上都付出很大的代价，经不起再三的消耗。经过和家人商量，慎重考虑之后，赵子骥最后还是抱着再坚持一下的心态，在这一年进入北京杏泽围棋学校进行更加专业的训练，师从吴新宇6段和施洲4段。这是他印象中学棋最用功的一年，学校里的老师对他也关爱有加，生活上照顾得无微不至，经常陪他一起下棋和摆棋。周末时常还有“七小龙”级别的职业高手来指导，这让赵子骥开心不已，这也是他第一次近距离接触这些围棋国手。

2000年7月，赵子骥再次向职业棋手发起冲击，在山西陵川进行的定段赛中，以10胜3负的战绩成功定段。同年，在北京举行的国家少年队选拔赛中，以7胜2负小组第一名的成绩入选国家少年队，正式开启了职业棋士的生涯。进入国家队最开心的是可以见到很多平时只能在报道中看到的国手，只是那时候的赵子骥比较腼腆，不太敢向高手请教，这是一件非常遗憾的事情。在赵子骥的印象中，吴玉林老师很温和，脾气很好，而其他老师也很热情，复盘摆棋经常叫上大伙一起围观。在队里训练的棋手们都非常厉害，训练也很刻苦，经常半夜训练室的灯还在亮着，让人感叹成功来之不易！让赵子骥印象比较深刻的职业比赛，是在名人战预选赛中对阵邱峻六段。激战至中盘时，总感觉对方有一个局部棋型很不好，但苦思冥想半天都没能发现其中的手段，后来复盘时被告知其实那里有棋，遗憾的同时也感觉到和真正高手的差距。

在经历了几年一线职业棋手的生涯之后，赵子骥开始转型，2005年成为职业教练。北京聂卫平围棋道场、大庆雏鹰围棋学校、无锡新星围棋学校、深圳南山棋院、东莞莞邑棋院都曾留下他执教的身影。赵子骥性格内敛，也许职业教练生涯才更加适合，他的循循善诱和耐心执教，让不少围棋名手获益匪浅。在赵子骥看来，棋如人生，有很多人生的哲理在围棋中得到近乎完美的体现。做任何事情只要坚持和努力，都可以获得成功和收获。在外地游历多年之后，2019年他再次回到广西，在南宁担任聂卫平围棋道场的教练，这次离家更近，他也不时回到家乡北海。对于北海围棋，赵子骥感触颇深："北海这些年围棋发展得很不错，学棋的小朋友很多，各种围棋活动也搞得有声有色。希望将来有更多的小朋友能来学棋，把北海打造成围棋城市。"

# 棋手晏海涛

姚 民

1987年，晏海涛的父母因工作调动来到北海，晏海涛也跟随父母移居北海，并转入北海市重点中学北海中学就读初中二年级。在这个陌生的海滨小城，这个略显腼腆的小男孩很快找到了自己的好朋友，这一切全是因为与围棋结缘，共同的爱好让他很快融入这个班集体，融入北海这个城市，也让他找到了可以为之奋斗一生的事业。

对围棋的热爱，一千个人可能有一千个理由，但是在20世纪80年代的中国社会，一千个人可能只有两个理由，九百九十九个人是因为中日围棋擂台赛，因为聂卫平，而剩下的一个只是因为他本身就是职业棋手。晏海涛当然也不会例外，当看到聂棋圣那令人瞠目的十一连胜奇迹，幼小的心灵除了震撼就是羡慕，随后就是有种想要一探围棋奥秘的冲动。当第一次拿起围棋子下出人生第一步棋的时候，他的内心是宁静的，他很享受这种感觉，这是非常适合他的一项竞技运动，因为他喜欢安静，喜欢思考，喜欢逻辑思维，也许没有比围棋更适合他的了。刚开始接触围棋，晏海涛就很快入门了，和同时学习围棋的同学方灿共同进步，共同成长，成为一生的挚友。北海市大大小小的比赛赛场、两人各自的家中、北海中学校园内、棋友们聚集的蔬菜公司宿舍赵宅、贵州路广友棋艺社、文化宫棋社，都有他们鏖战的身影。

晏海涛在北海中学的围棋活动中表现活跃，1987年，北海中学首届围棋比赛，晏海涛参加并获得16强，随后的几届比赛中也均获得前几的好名次。在高中阶段，班里会围棋的同学并不多，他利用活动课时间发动同学下棋，并主动传授技艺，短时间内让大家对围棋都提升了兴趣，并组队以擂台赛的方式向高年级学长挑战，活跃了北海中学的围棋气氛。

1992年，晏海涛顺利考入广西大学，大学的围棋氛围比中学更加浓厚，晏海涛如鱼得水。刚进校园，他就报名参加了广西大学的围棋比赛，一鸣惊人获得冠军，并顺利进入广西大学围棋队，从此南宁高校围棋圈中多出一个从容淡定的儒雅身影。晏海涛的棋风从那时开始逐渐成形，他酷爱实地，计算精确，官子功夫了得，不到最后一刻永不言弃，无论棋局如何变幻莫测，不管领先还是落后，他都是一种严肃的表情，有时甚至让人怀疑他一直都处于落后之中，而一旦对手稍有松懈，就很可能会被他抓住机会一击而溃。

1995年，广西大学校运会上，晏海涛面对曾经的广西围棋赛冠军钟文洪，在劣势下不断对其发起冲击，狂追不舍，最终仅以半目惜败，屈居亚军，决赛中晏海涛那股绝不放弃的气势让他赢得了“永不放弃的追赶者”的赞誉。同年，号称广西大学“史上最强围棋团队”的一队和二队包揽第五届南宁市“高校杯”围棋赛团体赛前两名，晏海涛就是冠军广西大学一队的主力成员，队友包括钟文洪、李斌施和李祥。随后，晏海涛还代表广西大学参加了在北京举行的全国大学生“应氏杯”围棋赛，虽然没有获得很好的成绩，但第一次参加全国比赛的经历让晏海涛逐渐成长起来。除了下棋，晏海涛还热心于围棋事业，他对围棋的热情和奉献精神让他在广西大学围棋协会一步一步走到了会长的位置，他组织了校内的各项围棋比赛，并组织广西大学校队和南宁各高校进行交流比赛。

1996年，晏海涛大学毕业后，先后在北海市科学信息研究所、北海银河科技股份有限公司从事软件开发方面的工作，2004年到德国斯图加特留学，从此接触到神秘的欧洲围棋。说起欧洲围棋，晏海涛原先的印象是一片围棋沙漠，然而一番实地考察之后，却令他大吃一惊，他没有想到欧洲围棋的历史还相当悠久，早在1890年，在日本学会围棋的德国商人就把这种东方游戏介绍到欧洲，并逐步建立起围棋俱乐部。1957年，欧洲的围棋爱好者们组织了第一届欧洲围棋大会，并成立了一个管理组织欧洲围棋联盟，而德国正是欧洲围棋最发达的地区之一，围棋的普及程度也非常高。晏海涛很快就融入欧洲的围棋环境中，他加入斯图加特当地的围棋俱乐部，利用各种围棋比赛和交流的机会，传播中国的传统文化。2004年至2008年，晏海涛先后参加了在斯图加特、格平根、乌尔姆、慕尼黑、弗莱堡、伯布林根、法兰克福、卡尔斯鲁厄等地举办的大大小小各项围棋赛事15次，均进入前5名，获得8次冠军4次亚军的优异成绩。除了德国国内的各项围棋比赛，也举办过不少欧洲锦标赛。其中在曼海姆举办的Aji围棋锦标赛，每届比赛都有100多人参加，参赛者包括德国、俄罗斯、瑞士、卢森堡、西班牙、英国等欧洲国家的围棋爱好者。2005年晏海涛首次参赛便获得第8届Aji围棋锦标赛季军，次年夺冠，2007年实现二连冠。也许晏海涛的好运气都在Aji围棋锦标赛中用光，在德国主办的另外三项欧洲围棋赛事中却连续多次距离冠军一步之遥。达姆斯塔特围棋锦标赛也是欧洲小有名气的赛事，2005年5月，有超过100名来自德国、瑞士、西班牙的围棋爱好者参加比赛，晏海涛获得亚军；2007年6月，也有来自德国和法国的超过100名爱好者参加，晏海涛再次屈居亚军。同年2月，第23届埃尔丁围棋大赛，来自德国、奥地利、西班牙、塞浦路斯、土耳其、法国等国家的112名围棋爱好者参加，晏海涛屈居亚军。5月，在汉堡举行的熊猫围棋网欧洲杯围棋赛，来自奥地利、瑞士、荷兰、匈牙利等国的182名围棋爱好者参加，晏海涛再次获得亚军。

由于在德国举办的各项赛事中均取得骄人战绩，晏海涛受到第51届欧洲围棋大会的邀请参加比赛。欧洲围棋大会是欧洲围棋每年第一大盛事，也是欧洲最受关注的围棋盛会。大会于1938年创立，1957年一年一度的举办形式被确立下来，并成功连续举办至今，被西方围棋爱好者誉为“没有围墙的围棋大学”。

欧洲围棋大会是一个完全公益性的民间活动，并没有什么官方支持，它能历时长久而不衰，从另一方面也说明围棋在欧洲茁壮的生命力。2007年7月15日，第51届欧洲围棋大会在奥地利菲拉赫正式拉开帷幕，其中正赛分为两周举行，有来自中国、日本、韩国、德国、俄罗斯、罗马尼亚、匈牙利、芬兰、波兰、法国、奥地利、意大利、荷兰、英国、丹麦、斯洛文尼亚、西班牙、乌克兰等国家约600名选手参加。此次比赛得到欧洲各国的高度重视，各路围棋高手精英辈出，其中不乏职业高手，还有7名业余7段、12名业余6段参加。晏海涛在比赛中不畏强手，把自己的实力和风格发挥得淋漓尽致，尤其是赛场中那股不服输和永不放弃的精神，让他最终取得7胜3负的不错成绩，名列个人第13名。

这次近距离参加欧洲围棋大会的经历，让晏海涛获益匪浅，欧洲的围棋比赛具有鲜明的当地特色，既有竞技比赛的严肃性，也有游戏、聚会活动的交流和娱乐性，这也为日后他组织围棋比赛提供了更好的思路。

晏海涛参加的另外一项欧洲重大赛事则是欧洲围棋团体赛，2007年10月1日在莱比锡举行，参赛的有德国、俄罗斯、荷兰等多个国家。应组委会邀请，包括晏海涛在内的4名中国旅德留学生也组成一支队伍作为特邀嘉宾参加。第二轮，中国留学生队就面临本次赛事的最强对手俄罗斯队，俄罗斯队拥有3名业余6段，其中一个还是后来成为欧洲顶尖职业棋手之一的伊利亚，平均段位要比中国留学生队高，中国留学生队经过一番激战最终以3∶1的比分拿下这关键一战。本以为后面的比赛会一路顺风顺水，不料第四轮却遭遇荷兰队的强烈抵抗，在已经结束的3台比赛中，荷兰队2∶1暂时领先，因此目光全部聚焦到晏海涛所在的那台未完成的比赛，如果晏海涛失利则意味着中国留学生队将会输给荷兰队，那么俄罗斯队将乘机夺回积分榜第一名。此时，整个赛场的其他对局均已结束，这盘棋才刚刚进入漫长的官子拉锯战中，所有的棋手都来到对局桌旁围观，这盘棋受到前所未有的关注，令现场气氛格外紧张。

在面临这种几乎透不过气的强大压力时，晏海涛再次向众人展示了他的耐心和坚韧棋风，他凭借精确的官子技巧和对手寸土必争，最终在长达近两百手的官子战中抓住了对手的一个微小失误，一举奠定胜局！经此一役，极大地振奋了中国留学生队的信心，在最后一轮以4∶0轻松击败对手，牢牢将第一名纳入囊中。虽然作为特邀嘉宾队伍，无法计入最终的成绩，但是通过这次比赛，中国留学生队展示了中华文化的风采，不仅赢得了各国家代表队的尊重也收获了各队的友谊。

2008年，晏海涛返回家乡广西北海市，回国后由于割舍不下对围棋的热爱，他义无反顾地选择了继续走围棋的道路，加入北海希望之星围棋学校担任围棋教师，全心全意地投入围棋的普及教育中，培养出不少北海本土的优秀学生，在广西壮族自治区内外比赛中获得良好名次。同时，作为北海市围棋协会秘书长，晏海涛仍然积极参与北海市各项围棋比赛和活动的组织工作中，北海市的各个围棋赛场都有他忙碌工作的身影。虽然围棋工作的性质更多地倾向于幕后，但晏海涛仍然保持着一颗对围棋炽热的心，那种棋盘上和对手快意恩仇的厮杀让他念念不忘，闲暇时他仍然会研究围棋死活题，钻研围棋技术，并积极参加各项业余围棋比赛，曾在2019年6月获得第九届马来西亚国际围棋公开赛第5名的好成绩，依稀让人看到了当年叱咤欧洲棋坛的留学生围棋高手风采。

# 励志棋王方灿

姚　民

1987年，第二届中日围棋擂台赛进行得如火如荼，中国队再次面临绝境，日本棋手片冈聪击败中国副帅马晓春，直逼主帅聂卫平城下，聂卫平没有退路，只能背水一战，他再次力挽狂澜，一波五连胜终结比赛，中国队连续两届获得中日围棋擂台赛冠军。中国围棋获胜的消息传遍大江南北，北部湾畔边陲小城北海市和全国各地一样掀起了一股围棋热，大街小巷都在热议聂卫平的神勇表现，面对众多日本“超一流”高手，聂卫平完成了之前人们想都不敢想的神话，成为当时的全民偶像。聂卫平的经历引起北海中学初二年级一个普通学生的深深共鸣，正处于青春年华的方灿，似乎找到了迷茫人生中的一盏明灯，围棋在那一刻成为他人生的最大爱好，也许那时的他还没有意识到围棋将会成为他一生追求的事业。

20世纪80年代，物资匮乏，围棋书籍和棋具更是奇缺，北海市百货大楼仅有的几副玻璃围棋早已经被狂热的围棋爱好者捷足先登，方灿只有求助于做外贸工作的父亲，父亲熬不过儿子的恳求，托人从外地带来了一副小号的磁铁围棋。方灿如获至宝，在这一年的暑假期间，召集几个爱好围棋的同窗，在家中摆起“龙门阵”，依靠从几本破旧的日本围棋书中学来的招式，开始模仿职业高手下起了围棋，经常对弈的几个好友包括晏海涛、黄泽明、朱俊、姚民等。方灿对于围棋的热爱由几件小事可见一斑：上课时用练习本画棋盘和同学饶有兴致地下围棋；周末因忘记带棋盘，也曾在学校篮球场用粉笔画出棋盘与姚民等好友对弈。

1987年伊始，北海市大大小小的围棋比赛应景而生，方灿参与其中并获得巨大的成就感。第一届北海市北海中学围棋比赛，参加的学生高手有方海伟、裴清、陈明海等人，方灿首次参加围棋比赛就崭露头角，一举进入16强。随后不久在市文化宫举办的北海市围棋定段赛中，方灿晋升业余1段，通过此次比赛，方灿开始正式接触北海市众多的围棋高手，这其中就包括获得本次比赛冠军并被授予业余3段的北海高手赵令文。

20世纪80年代到90年代初，赵令文是北海业余围棋活动的主要发起者和组织者，他家就是北海围棋文化交流最频繁的地方，赵宅位于北海市环卫路蔬菜公司的一处二层楼宿舍，每个周末楼上楼下都摆满了棋局，有七八盘棋的规模，汇聚了当时北海的大部分业余围棋高手。在方海伟的引荐下，方灿每个周末都会到赵宅下棋。方灿作为一个学生棋手，刚开始接触大量的成人高手，那种屡战屡败的感觉是崩溃的。当年北海市在皇都大厦举办过一次北海市职工学生围棋擂台赛，以北海中学学生为主力的学生队，当时囊括了方海伟、裴清、陈明海、方灿等高手，但面对整个北海市职工的成人棋手，经验和实力上的整体差距，基本上不堪一击。在当时赵宅的北海围棋江湖中，方灿水平算比较低的，想找到一些水平相当的棋手下棋非常困难，都是再三恳求别人才勉强指导一盘。和赵令文的第一次对弈，至今他记忆犹新，被让三子连输三盘，毫无还手之力，信心备受打击，当时还曾想过要永远放弃围棋。然而，在同窗好友晏海涛的一再鼓励下，在经历了一次又一次失败的磨砺下，方灿终于迎来在赵宅的第一个胜局，在连胜陈建喜、潘林远等高手后，随着实力的厚积薄发和自信心的不断增强，方灿的棋力有了长足进步。

1991年7月，方灿从北海市职业高中毕业，进入北海市电器总厂工作，其间最大的兴趣爱好仍然是围棋。经过在赵宅的锻炼，方灿在北海已经鲜有对手，当时的北海冠军朱正威对方灿来说是一个最强的对手。向高手挑战，方灿从不畏惧，每个周末他都会跑到朱正威在港务局的单身宿舍下棋，两人一下就是一整天，饿了，就胡乱下碗面充饥，又继续酣战，直到深夜。

1992年北海房地产成为全国的热点，带来大量外来投资的同时，也带来各行各业的人才，这其中当然不乏全国各地的围棋高手，刚开始面对这些外来高手，北海本地棋手难以抗衡，但随着本地棋手和外地棋手的不断交流，方灿在屡战屡败、屡败屡战的磨砺中，不畏强敌，不断向高手发起挑战，棋艺上完成了蜕变，日益精进，成为北海业余围棋的一面旗帜。随着围棋交流的日益频繁，1992年第一届北海围棋棋王赛举办，方灿在本次比赛中开始爆发，击败各路高手，在决赛中一举战胜林庆佳获得首个“北海棋王”称号。1997年的第二届北海名人赛，方灿再次夺魁，成为唯一获得北海围棋棋王和名人两个头衔的棋手。

1994年，方灿经历了人生的一次低潮，在北海市电器总厂工作期间，受了一次工伤，左脚脚筋被钢板切断，休养了大半年，天天只能在家待着，百无聊赖之际，打开职业高手的棋谱，专心钻研棋艺。此时，受经济宏观调控的影响，北海房地产走入低谷，新建项目取消，在建项目烂尾，北海经济百业萧条，方灿所供职的北海市电器总厂被重组收购，方灿随之失业。1998年6月，方灿向朋友借了几千元钱，和林长志合伙在市文化宫办了个棋社，为棋迷朋友们提供一个休闲、下棋、交流的场所。然而，由于经济不景气，文化宫棋社的收入仅能勉强糊口，这一段时间是比较难熬的，前途的迷茫并没有击倒方灿，出于对围棋的热爱，方灿利用开棋社的机会，和来自各地的各路高手下棋，有时间就打谱、做死活题，尽量利用各种空闲时间提高自己的棋艺。

21世纪之交，互联网逐渐走入千家万户，网络围棋也随之兴起，最开始是联众、TOM等对弈平台吸引了大量棋迷，到文化宫棋社下棋的棋友日渐稀少，他们不得不思考如何增加收入的问题。文化宫棋社接触来来往往的人比较多，各行各业的都有，在集思广益之后，他们觉得发挥自己的个人特长，开展围棋教育培训也许是一条可行的道路，经过到南宁等地实地考察之后，更加坚定了他们的信心。后来，经熟人帮忙，首先在北海市第二小学做起了尝试，第一批就招了20多个学生，培养的学生参加广西的少年围棋比赛，也逐渐获得一些好名次。但是，万事开头难，由于经验欠缺、场地制约，学生流失而新生不能及时补充，让文化宫棋社开始重新思考自己的定位。

2004年夏天，方灿、林长志、林如海等人一合计，认为业务重心应该转移到围棋教育培训上来，他们对北海围棋未来的普及充满信心，因此解决场地问题和生源问题就成了头等大事。说干就干，2004年6月，北海市少儿围棋培训中心在贵州路科技创业中心挂牌成立。大家各展所长，林如海充分发挥了在组织和沟通方面的能力，到北海市各中小学、幼儿园，向老师、家长和学生进行宣传推广，通过免费的入门体验课程，让北海广大青少年开始接触围棋并培养兴趣。而方灿等人则充分发挥在棋艺上的专长，不断摸索，开发出适合不同水平学生的围棋课程。这一次的转型，恰好抓住了当前社会素质教育的核心理念，加上围棋作为中国传统文化先天所具备的在少儿智力开发、思维启迪以及品质培养等方面的良好作用，深得老师、家长和学生的喜爱，报名学习围棋的人越来越多，到2019年，在校学生规模已经超过千人，校区发展到6个，围棋教师达到60余人。

不忘棋手之初心，围棋技艺无止境。能把爱好和事业很好地结合在一起，是每一个人的梦想，方灿在学围棋之初也许并没有预料到围棋会成为他终生的事业，一路以来的坚持，让这个梦想得以实现。

在围棋教学之余，方灿仍然没有忘记自己还是一名业余棋手的身份，他感觉肩上的重担越发沉重，他还要代表北海去参加广西甚至全国的比赛，因此他一直没有懈怠。随着网络围棋和AI的兴起，方灿又看到了提升的希望，闲暇时他会和网上的各路高手对弈，并利用AI进行研究，因此近年来方灿在业余比赛中的成绩仍然保持稳中有升的态势，特别是在2016年8月1日，参加第12届中国西部八省区围棋联赛，他发挥神勇，面对西部八省各路高手，以5胜2负勇夺亚军，战胜的对手中有西安的黄雨霁、宁夏的张宇等名手，并在这次比赛中荣升业余6段。领奖的那一刻，是对方灿多年努力最好的褒奖。接着在2019年又是一个丰收之年，方灿第一次走出国门参加比赛就获得好成绩，6月获得第九届马来西亚国际围棋公开赛亚军；同年9月，又以壮族棋手的身份获得2019首届全国少数民族围棋大赛第四名。功夫不负有心人，从默默无闻到崭露头角，从事业低谷到创业成功，方灿的围棋成长之路俨然一部平凡人的励志大剧，只要坚持对梦想的执着、对事业的热爱以及对技艺孜孜不倦的追求，平凡人生也能演绎出不一样的精彩。

# 时越：北海是我的第二个主场

李　闻

出生于1991年的时越，以一连串震撼世人的成绩，向我们“演示”了一个围棋天才正确的打开方式：12岁（2003年）入职段位，14岁入选国少队，16岁升为职业四段，19岁升为五段。2003年第3届全国围棋职业新秀赛第三名，2007年CCTV电视快棋赛四强；2008年中国围棋甲级联赛取得九连胜，获最佳新人称号；2009年第16届新人王战冠军；2012年7月30日首届大重九杯亚军；2013年LG杯世界围棋棋王赛冠军，直升九段；2013年围甲联赛赛季包揽最佳主将和最具人气两项大奖；2015年8月，连续15个月高居等级分第一人宝座……就在去年的10月17日，时越入选2019福布斯中国30岁以下精英榜。

这样一个一路荣耀加身，被围棋界称为“十九段”的冠军级选手，在2015年加盟北海弈海清风围棋俱乐部，担任俱乐部总教练一职，并代表北海市连续5年出战城市围棋联赛，对北海棋友来说，实乃一大幸事。而时越也的确不负众望，带领弈海清风俱乐部五进季后赛，两夺赛季亚军，取得非常亮眼的成绩。

在城围联2019赛季决赛后，笔者在赛场附近与时越展开了一次对话。在复盘当天的对局时，时越有遗憾，但更多的是平静。他说：“第一局比赛，我们执黑，开始布局的时候就陷入被动，中间一直在寻找机会，中盘的时候我有几步走得太过强硬了，让对手抓住了机会，难以翻身，最终惜败；第二盘我们执白，一直到中盘我们的形势一直都不错，直到官子阶段，双方的局势都是咬得很紧的，但对手始终稳扎稳打，没有失误，而我们在场下摆棋的时候，有一步没有摆清楚，上场的棋手走得有点急了，造成了失误，后面就不好逆转了。”

在时越看来，弈海清风俱乐部惜败于南京苏中建设俱乐部，除了己方在细节的处理上有不足，更主要的原因还是对手的实力强劲，“北海在我和队员的心中，都是实实在在的主场，赛前很多棋迷朋友还有俱乐部的粉丝都对我们寄予极大的期待，我们的内心也是非常非常想赢的。但棋局无常，没有人能保证稳赢，在比赛过程中，大家都尽力了，也没有什么不好接受的。”

感受到北海的棋友对俱乐部的支持，时越表示心怀感激：“每次来都能感受到北海棋友们的热情，感谢他们一路下来的支持，不论是高峰还是低谷，他们的态度始终如一，从来不曾责怪我们，也没有给我们更多的压力。而且北海的气候真的很好，在冬季还能享受到温暖的阳光和湿润的空气，我很喜欢这里，希望以后能一直留下来！”

时越说，北海让他有“主场”的感觉，不仅来源于他在俱乐部所担任的职位，更多的则是北海这座城市浓厚的围棋氛围让他有亲近感：“俱乐部的领队林如海先生，为北海的围棋事业发展做出了很多的努力，这些我都是看在眼里的。而北海近年来围棋人口尤其是少儿棋友的不断增加，对我

城市围棋联赛

这样的职业棋手来说，是一个非常好的现象。”时越认为，大量的围棋爱好者是围棋事业发展的重要基石，“只有更多的人喜欢围棋，我们的比赛才会有更高的关注度，更多的人来支持；与此同时，整个市场也会变大，因为职业棋手的生活并不全是下棋，一些退下来的棋手还需要考虑通过其他方式来谋生，从事围棋教育就是很好的选择，喜欢下棋的人越多，他们的就业机会就越多，这是一件非常好的事情。而且北海不光重视围棋教育，还有大量的赛事活动，孩子们通过这些活动，更能感受到围棋的乐趣所在，等于进一步扩大围棋的影响力，也提升了孩子的兴趣”。

城围联经过5年的高速发展，水平始终处在不断上升的阶段，各俱乐部的实力也在不断提升中，为了避免成绩下滑，弈海清风俱乐部和时越都做出大量的努力，“今年我们引入了一些更加年轻的队员，他们的训练时间更长，强度更大，队伍的水平也有了显著的提高，而且在比赛前，我们也会对对手做一些调查，组织队员做一些针对性的训练”。时越“霸气”地表示，在整个城围联现有的32支队伍中，弈海清风俱乐部的实力处于中上位置，“可以说稳进前十，前五也是可以的”！

时越始终认为“兴趣是最重要的老师”：“我第一次去老师家就觉得围棋非常有趣，之后自然而然地就坚持了下来，所以兴趣才是支撑我一直走到今天的原因。学棋的确是非常有好处的，但每个孩子生下来，天赋不同爱好不同，家长没必要强逼孩子一定要在某方面发展，不快乐的下棋是没办法把潜力真正发挥出来的，好的棋手，都是能感受到围棋乐趣所在的。有些家长期待孩子取得一定的段位和荣誉，我觉得可以理解，但站在孩子的角度，在下棋的过程中，其他的收获更加重要。”

# 与君三局棋

周宏禹

初涉围棋，还是20世纪80年代末的事。

那时，我在武警总队司令部当参谋。晚上没事，几个同事常常聚在一起，捉对厮杀，我也常去围观。久而久之，也看出些门道，偶尔也跟他们杀两盘。

部队司令机关工作繁忙紧张，加班加点是常事。尽管如此，一有空闲，我们几个还是聚在一起杀几个回合。有一次，我们鏖战正酣，我的直接领导训练处刘处长不声不响地走了进来。他的突然出现让我们感到很意外，不知如何是好。刘处长看出大家有点尴尬，笑着说："你们下，我观战。"一局结束，刘处长坐到输家的位置上说："我来试试。"

棋子一摆，我们一个个面面相觑。原来刘处长竟然是个高手，十几分钟，对手就中盘认负。我们这几个"半桶水"轮番上阵，联手抗击，也根本不是他的对手。

从那以后，刘处长经常出现在我们的棋局里。本来，我们几个常在一起下棋的，大多是家属未随军的"单身汉"和未婚的小伙子。刘处长的加入，让我们的业余生活变得更加丰富多彩起来。围棋把我们联结在一起，彼此之间的感情日益亲密。或许是受围棋训练的影响，刘处长处事严谨、条理性强，工作总是一丝不苟，批评人也从不留面子，大家有点怕他，但他的这些特点和作风对下属的成长进步很有帮助。我从基层调去总队机关，在他属下工作多年，学到不少东西。处长见我老实勤快，安排我在处里干内勤，还经常指点我。我在公文处理、简报编辑、资料归类、整理保存以及各类器材的保管、请领、分发等方面进步很快。

一天晚上，我在办公室整理资料，这时候处长进来了，他看了一会儿材料后对我说："来一局嘛。"我自然是欣然同意，摆好棋盘，摸出棋子，你一招我一步杀将起来。一局下完，结果当然还是我输。刘处长站起身来，眼睛扫过整齐有序的库室，对我说："工作光靠蛮力不行，要善于动脑筋，就像这下围棋，要有大局观和总体思路，还要特别注意条理和顺序，千万马虎不得。"听了刘处长一席话，从此我改变了自己的工作方法，把工作条分缕析，按轻重缓急从容不迫去施行。我用不到半年的时间，分门别类地整理完历年遗存的文件资料，按分库、分类、架子化、标签化要求完成了五大库的器材教材整理，各项工作效率大大提高，年底还受到嘉奖。

和刘处长的这局棋，让我深受启发。下围棋不仅仅是娱乐，更是训练思维的良好途径，能有效地培养全局的统筹力、敏锐的观察力、细致的分析力、灵活的应变力，使你解决问题的能力大大提高。于是，我对围棋的兴趣更浓了。我买了《围棋攻击战略》《围棋的构想力》等书，白天抽空看，晚上跟同事操练，棋艺渐渐提升，也愈来愈体会到围棋的深刻内涵。棋子分黑白两色，棋盘纵横十九道，却可以代表任何事物和力量，代表人们需要演绎的矛盾运动，用点线面的图形构造与变化体现深刻的战略艺术，开拓无穷无尽的思维空间。这恰与参谋人员的思维品质训练高度契合。

后来刘处长升任副参谋长，我不久也调去司令部办公室当秘书。

1991年总队要拉动刚组建不久的机动支队演练，总队长、参谋长带工作组驻点指导，刘副参谋长主持具体工作，我便成了主要助手。

筹划演练上千人的部队快速开进市区处置突发任务，真不是件容易的事。时间紧、任务重、要求高，整个司令机关都在忙碌，可是我看刘副参谋长似乎并不着急。临出发的晚上，他把我叫去，对我说："别急着加班，先下盘围棋再说。"我本来棋力就逊他一筹，再加上心有旁骛，没过多久就败下阵来。刘副参谋长推开棋盘，盯着我说："落子开局，就要观大势、谋全局，点线面步步为营，开弓没有回头箭。"我心头一震，啊！这不是给我作战前动员吗？刘副参谋长一局棋点醒了我。之所以紧张焦虑，除了经验的欠缺，主要就是对自己掌控全局的信心和能力没有把握。其实，早在演习之前，我们已经把各类方案措施反复推演了多次，领导也早就予以肯定，现在只要按照既定的方案组织实施，对可能出现的突发情况做好临机决断就可以了，完全没有必要给自己增加心理压力。

我心中对刘副参谋长暗暗佩服，转过身来，有条不紊地开始了紧张的工作。我们一边组织支队首长机关“处突”理论、战术研究、室内作业，训练首长机关的组织指挥能力，一边考核验收部队的战术训练情况。从作业制订、演习方案、组织实施，到演习总结报告，一份份方案、计划、命令经我手拟制，成为整个演习的脚本，演习获得圆满成功。事后，武警部队司令部转发了我拟写的经验材料，我的工作表现受到总队首长的高度肯定。后来我到支队司令部工作，虽然下棋的时间少了，但围棋思维的运用实践更直接了，特别是“观大势、谋全局”的统筹思维，让我十分受用。

1994年春夏，公馆地区发生械斗事件，引起自治区的高度关注。自治区公安厅和北海市领导在公馆召开紧急会议，研究处置措施。会议最后采纳我提出的“成立联合指挥部，实行面上控制，点上分化处置，线上节点联结”的方案，并得到武警总队的认可。刘副参谋长带总队前指人员来到公馆，我协助开设好指挥部后，准备返回。这时候刘副参谋长把我叫住：“不急，晚上杀一局。”

这局棋我下得出奇地顺利。从布局开始我就稳稳地保持着先手的优势，进入中盘，刘副参谋长突出奇兵，四处出击，搅乱棋局，企图挽回劣势争抢先手，都被我一一化解。好几次刘副参谋长放出胜负手，把我惊出一身冷汗。棋局结束，我点完棋子抬起头来，刘副参谋长面带微笑地望着我说：“祝贺你旗开得胜！”我心头一热，顿时明白了这局棋的深刻含义。我两腿一并，语气坚定地说：“请首长放心，坚决完成任务！”一周后，事件处置圆满结束。

我学棋不精、棋力不高，但围棋给我的启发却让我受益匪浅。我在支队当参谋长期间，注重培养参谋人员缜密的思维品质，有意识地引导、提升下属的注意力、观察力、分析力、应变力和统筹力，在实践中不断提高参谋人员解决问题的能力和谋划全局的水平。我先后在两个支队主持司令部工作达8年之久，所属参谋人员绝大多数都成了业务骨干，先后有7人走向团职领导岗位，其中5人成为正团职主官。

世事如棋局。时光如白驹过隙，数十年转眼即逝。如今年近花甲，回望过去，围棋带给我的竟然有如许精彩的片段。我时常想，只要有过精彩的演绎，无论输赢，都是无悔的人生！

棋局依然还在继续……

# 棋友老冯

粟克武

老冯行伍出身，退休前官拜大校，是我的棋友中官衔最高的一位。

初识老冯，是在20世纪80年代初期。那时候，老冯还年轻。我们俩在北海共事过一段时间。因为围棋，我们俩成了战友加棋友，有了与众不同的共同语言。

我和老冯对围棋的热爱，算起来应该源自30多年前的中日围棋擂台赛。有好事者估算，中国3000万棋迷，有一大半产生于中日围棋擂台赛。

围棋易学难精。这个易学最是害人，一旦上手，便极易入迷，继而难舍难弃。我初学围棋分三步走：一是买书，从围棋入门、定势布局、中盘鏖战到终局收官，各类内容的棋书无一不备。二是打谱，周末也不出去玩，把自己关在宿舍，按照棋谱和解说反复摆棋。三是实战，到处找人下棋，本单位的爱好者打遍了就找外单位的，只要听说哪里有爱下围棋的，就打上门去。那时候，我的生活除了工作就是围棋，一天不摸围棋就手痒，简直到了痴迷的程度。

老冯学棋和我的经历差不多，不同的是他得过名师指点。那一年，老冯因为工作表现突出，上级领导把他作为培养对象，保送到区外深造。在那里，他遇到一位业余5段的高手教授，并被收录门墙。授课之余，师徒俩常常摆棋传道，乐此不疲。老冯因此棋艺大进。

我和老冯第一次交手，是在他外出回来的周末。此前我们俩相互闻名，但并不知道对方实力的深浅。我自以为博览棋书，学有所得，老冯也自恃深得高手真传，绝技在身，两人都铆足了劲。那一盘棋足足下了差不多两个钟头，这在业余爱好者之间是少有的。至今我还记得很清楚，在布局之后刚刚进入中盘，棋盘上就硝烟四起。为了一个劫争，双方都使出了浑身解数，极尽所能，我杀掉老冯的一条大龙，而老冯也夺走我的一个大角。最后数子，老冯赢了我四分之一子，刚好半目。从那以后，我和老冯成为非常要好的朋友，围棋成了我们生活中不可或缺的一部分。我们各有所长，互有胜负，他称赞我的布局和搏杀，我欣赏他的稳健与细腻。和许多运动项目一样，水平相当的对手才有对抗的乐趣。在遇到老冯之前，我一直被这个问题所困扰。单位里有好多爱好下棋的同事，交手之后发现相差太远，胜之不武，也就不愿意跟他们多下。但到当地棋院跟高手下棋，人家也会因为同样的原因，对我敬而远之。直到后来遇见老冯，我们棋逢对手、如鱼得水，遂成知己。

有一天下午，单位集中学习文件。自由活动的时候，老冯走过我的办公室，朝我使了一个眼色，然后悄然离去。我心领神会，迅速收拾好东西跑回宿舍。两个人拿出棋盘，摸出棋子，拉开架势大战起来。正当棋局进入白热化难解难分的当口，忽然房门打开了，一个熟悉的胖大敦实的身影矗立门前——是老领导。我和老冯很不好意思地站起来，心里忐忑不安地等着挨批。老领导是参加过对越自卫反击战的老军人，一向严厉。可是这回老领导没有骂人，他好奇地走上前来，问我们围棋怎么下，有什么规则讲究。老冯小心翼翼地解释了一番。老领导似懂非懂，说这是文化人捣鼓的玩意儿，他可学不来，一挥手走了。

除了下棋，我们还多了好些与围棋有关的八卦。比如聂卫平、常昊与曹薰铉、李昌镐两对师徒之间的大战；中日围棋擂台赛日本棋手战败之后集体理光头；风流潇洒、天马行空般的宇宙流武宫正树，等等。我们如数家珍地笑谈围棋典故，分享着围棋带给我们的快乐。

围棋还给我们的工作带来了好处。当时我们学校周边有几个地方学校，也有一批爱好围棋的年轻人。我和老冯主动与他们联系，通过下棋，逐渐成了好朋友。那时候，老冯在学校任职，我是机关团委书记。我们一商量，决定组织一次学校之间的擂台赛，按照中日围棋擂台赛的模式，或

5人或7人组队，排兵布阵，设置先锋和主帅，每天下班后打一局比赛。这个活动持续了一段时间，在当时引起不小的轰动，受到领导的关注。后来，双方领导在这个基础上进行拓展，升级为军民共建结对活动，由于特色鲜明、组织严密，受到上级表彰。老冯下棋正襟危坐，话很少，喜忧不形于色，行棋思虑周全，落子敏捷，从不婆婆妈妈。不了解老冯的人，以为他性情孤傲，不好接近，其实这正是老冯的高明之处，正所谓棋分黑白，棋品即人品。有些人嘴碎，下棋喜欢絮絮叨叨，胡说八道，更有甚者还有悔棋、耍赖等种种行为。碰到这样的人，老冯也不生气，下回不再和他下就是了。

围棋棋盘纵横19道，看似简单，其实变幻莫测。凡高手者，首观大局，长于判断，勇于取舍，还要讲究先后次序和精准计算，善弈者必思维缜密。这一点，对于一个人的成长进步不无增益。我不敢说围棋对我们有多大的帮助，可后来我和老冯的确都有了不小的进步。老冯先是当了学校的领导，后来晋升到我们的上级机关出任要职，直至退休。棋手之间下棋不叫下棋，称为“手谈”，意思是通过交手交流技艺、表情达意。老冯遇见我的时候，总是笑着对我说：“谈一谈？”我就报以会心的微笑。老冯在他55周岁那年退休了。无官一身轻，他下棋，也骑车，某年春节，从南宁骑自行车回河南。他和他的骑友走遍大江南北，他和他的棋友也把棋下遍了长城内外。越到后来，他越是恬淡包容，争胜之心愈少，融和之情愈多，下棋慢慢地也就输多赢少。他喜欢用苏东坡的名言“胜固欣然，败亦可喜”来调侃自己。有了这份心态，自然也就“可喜”者多，“欣然”者少了。

2019年夏，忽闻噩耗，老冯因病突然离世。听到这个消息，我半天回不过神来。我打开书柜，摸出和老冯下过的围棋，默默地凝视良久，把它深藏在柜子的角落里，至今再没打开过。

# 第四章
# 北海围棋小将

## 张坤峰：与围棋结缘　与北海结缘

严少陵

2019年6月，第九届马来西亚国际围棋公开赛在吉隆坡圆满落幕。大赛国际组的冠军，来自北海市围棋协会，是一名业余6段棋手。

他叫张坤峰。这个常年留平头、戴眼镜，皮肤白皙，寡言且内向的年轻人，尽管看起来全无“杀气”，甚至儒雅中略带着点“憨”，实际上，他绝非如其外表那般“平平无奇”。

2007年至2015年，他连续9年进入全国围棋定段赛本赛；2012年，在北海市首届全民健身运动会暨第二十届职工运动会围棋个人赛中获第一名；2012广西首届全民健身运动会获第一名；2015年广西宜州围棋大奖赛获第一名；2016第二届广西壮族自治区全民健身运动会获第一名；2017年第一届北部湾城市运动会获第一名；2017年第十三届全运会广西围棋赛区分区总决赛业余组获第一名；2018年庆祝自治区成立60周年·广西全民健身运动会又再次斩获第一名。

2019年，是张坤峰收获颇丰的一年，除了在马来西亚国际围棋公开赛上夺冠，他还获得第十届泛北部湾围棋联赛第一名、第二届北部湾城市运动会围棋男子第一名和广西第十四届围棋运动会男子第一名。

同时，张坤峰还是弈海清风俱乐部成员，随队伍两次获得城市围棋联赛亚军，是北海市近年来获得奖项最多的一个业余围棋手，也是广西业余围棋最顶尖的棋手之一。

无限风光的履历背后，让人不禁对这个很少向外人讲述自己，甚至不善表达的青年产生了好奇。

张坤峰是河南濮阳人，“95后”。自8岁开始，经过长时间的耳濡目染，张坤峰终于对父亲的棋盘萌生了浓厚的兴趣。拿过县里的冠军，是父亲曾经的荣光，儿子与围棋能结缘，让父亲欣喜若狂。

按照常规，孩童在四五岁时开始学棋最为适宜，张坤峰此时才“动身”，无疑起步晚了。但这并不妨碍他崭露自己的天赋。当时，老家那有个业余5段的围棋爱好者，每逢周六周日，张坤峰便上他那里去学习，风雨无阻。很快，一年之后，进步极快的“初生牛犊”就已经达到业余3段的水平。

儿子是走这条路的料，将来一定大有可为，父母如此坚信。尽管明知学棋之路的花费并非一笔小开销，甚至是沉重的负担，但作为普通的工薪阶层，张坤峰的父母仍无怨无悔，全力支持，他们希望能把儿子培养成为一名职业棋手。

于是，从濮阳到郑州，从河南省队到北京的聂卫平道场和马晓春道场，小小年纪的张坤峰，已辗转多个城市、学校及道场，只为精进棋艺。

学棋的日子无疑是单调而枯燥的，在道场里，除了能遇见偶像，包括后来先后获得多项国内国际围棋大赛冠军的柯洁，每天的生活就几乎只有围棋、围棋、围棋，而且十分辛苦，要承受巨大的心理压力。但张坤峰并不以为然，要知道，支撑着他之后一直在围棋这条路上走下去的，除了父母，还有对围棋发自内心的热爱。

“弈无止境”是张坤峰的网名，也是他的座右铭。他习惯了与围棋对话，与围棋相伴，围棋对张坤峰来说，亦师亦友，下棋能提高他的思维能力，锻炼思维方式，而因为需要换位思考，加上每一步都需预设之后的好几步，这样充满张力的博弈过程对张坤峰而言，更是充满了魅力和吸引力。

在道场学棋的日子里，张坤峰不断磨砺自己的基本功，提升棋力，练就了一身扎实的本领，这都为其之后的棋途“开挂”奠定了坚实的基础。

“开挂”棋途，便是张坤峰和北海之间的故事篇章。因缘际会，父母后来决定到北海生活，还在求学阶段的张坤峰也因此来到这座后来获评“全国围棋之乡”的城市，开启了他的第二人生。

初来乍到，还没太熟悉北海的风土人情，但张坤峰已经迫不及待地约战当地“棋王”方灿。他一战成名，自此在北海围棋界崭露头角，可以毫不夸张地说，北海围棋界的人，无人不识。

不久，陪同亲戚的孩子一同去围棋学校的张坤峰惊讶地发现，这座小城的围棋氛围，比自己的家乡要浓厚得多。在这里，热爱围棋的人如此之多，包括学棋的孩子也相当多。如鱼得水，他很快便融入小城的生活。

在代表北海参赛的这些年，张坤峰既是北海围棋运动的主力军，也是北海围棋事业发展壮大的见证者，目睹了当地的“围棋进校园”开展得如火如荼，每年有近5000人在校园开设的围棋普及课程中得到培训；见证了北海陆续创办包括“泛北部湾围棋联赛”在内的一系列赛事，在全国围棋之乡版图上占据一席之地。

他也因此开始了新的尝试。约在9年前，凭借在本地堪称数一数二的棋艺，张坤峰来到当时的北海市希望之星围棋培训中心，即现在的北部湾棋院兼职助教。一开始，这个不善言辞的男孩并不习惯从棋手到教师的身份转变，因为自己下棋跟教别人下棋完全是两回事。毕竟下棋时，自己只需要埋头琢磨自身的招数即可，而教小朋友学棋，还要更深层次的换位思考，随时要指出他们的不足和错误，且需要备课、讲课，对张坤峰来说，无疑是一扇新世界的大门。

虽然起初摸不到门路，张坤峰却十分乐意“入门”，他爱上了这个新的身份，“看到孩子们的进步，他们参赛取得了好的成绩，我都为他们感到高兴；而且，经常给他们讲题，我自己也能收获许多”。围棋门内的张坤峰，甘之如饴地担当这样“领路人”的角色至今，无他，只为传承他所热爱的围棋事业。

## 刘晋源：棋子起落成风景

喜　子

4年前，2016年全国高考季，在美丽北海的教育界和无数家长的惊叹、羡慕、祝贺声中，有一个普通的名字，成了一道胜于银滩和涠洲的人生一景。他便是那年北海的高考状元，以677分的总成绩问鼎中国最高学府清华大学的刘晋源！

刘晋源，青年才俊。他的名字不胫而走，一路走来的点滴事迹，一时间成为北海人谈论的主题和中心。学神、学霸，当之无愧。更让人们赞叹不已的是，他不仅学习成绩优秀，而且在学业时间紧、中高考压力大的情况下，不失其广泛的课余爱好，并且十分丰富。打球、游泳、下围棋，样样在行，独领风骚。特别在围棋的黑白世界里，当时他俨然已经位居5段棋手之列，在北海甚至广西的围棋界，也属佼佼者。

转眼就是2020年的暑期，刘晋源已经是清华大学航空航天学院工程力学系的毕业生，在他即将开始新的学业，开创人生新的风景之际，我们再一次见到他。在北海围棋学院的会议室里，他坐在一方棋桌前，面前的棋盘、棋盒、黑白棋子，与他融合在一派优雅的情境中。他喜爱的这一切，曾陪伴他多少次或沉思或激烈或峰回路转的棋势。有关围棋的记忆，都沉淀在他人生深处，此刻，他安静地端坐在那儿，如棋子一样的宁静。话语不多，即便出口也是慢声轻语，偶尔有微笑浮现，但不失眉宇间思考的状态。中等身材，略显清瘦，在洋溢着的青春活力中，给人一种落地生根的坚定与稳重。

或许只有刘晋源自己深刻地记得开始学习围棋时的情景。那是2004年，他11岁，当时学校的各类课外兴趣班林林总总，父母因忙于工作，无暇管理他放学后的大把时间，所以就督促他挑选一门课外兴趣班。舞蹈、美术、奥数、围棋，等等。最后，母亲让他在奥数班与围棋班之间选择其一。他看得出来，其实母亲当时是希望他学奥数的，可是出于对奥数的抵触，毫不犹豫地选择了围棋兴趣班。于是，他遇到了自己的围棋领路人方灿老师，在方老师指导下，他一头扑进围棋的世界。不过，在他稚嫩的认知里，学习围棋，就是学习如何玩儿，作为一个小孩子，能有可玩的，是一件多么幸福快乐的事情呀！

玩，是孩子心中最美的风景。黑白棋子和棋盘是玩具，一个个对手是玩伴。听到棋子经过自己的手，落在棋盘上发出清脆的响声，刘晋源的心情别提有多兴奋了。每次去上课的时候，他仿佛是一匹快乐的小马驹，围棋就是他要走进的绿草茵茵的大草原。

时间走到2009年。刘晋源学习围棋已经进入第四个年头了。这一年的一场围棋赛事，对他而言举足轻重。在北海市小学生围棋比赛中，他和同学一起努力，代表北海市第二小学获得北海市小学生围棋团体赛第二名的好成绩。这次比赛对他而言，名次很重要，但更重要的是对他思想产生的影响，有着非常的意义。

过去多年，当刘晋源说起因围棋第一次站到舞台上领奖，面对众多的观众，不由得感慨不已。那一刻，他感谢围棋使自己的人生有了一道靓丽的风景。是鲜花、掌声和奖杯构成的风景。

一路走来，围棋在他的生活中，每一次棋子的起落，都呈现着不一样的风景。

刘晋源2004年学习围棋，2007年获得1段，2009年获得2段，2010年获得3段，2011年获得4段，2013年获得5段。一段一足迹，一段一台阶。他从2009年开始获得各类围棋赛事的奖项。2009年、2010年连续两年获得北海市小学生围棋团体赛第二名，2010年获得广西壮族自治区围棋赛A2组个人第二名，2011年获得北海市少儿围棋大赛个人第一名，2012年获得广西青少年围棋团体赛第三名，2013年分别获得北海市中学生围棋团体赛冠军、北海市围棋少年王比赛第二名。一赛一提升，一赛一完善。

段位的晋级，比赛的获奖，不仅丰富了刘晋源学习围棋的阅历，也扩展着他认知这个世界的视野，更在潜移默化中不断地助力着他世界观的形成。几年前，北海的一位小围棋手曾与他聊起他的围棋天地。他说，那些有趣的死活题、千奇百怪的变术，把他深深吸引。他发现原来围棋中有这么多的奥秘，每一盘棋局都是未知的，狭路相逢勇者胜，不论棋艺高低，都要竭尽所能，否则就有可能功亏一篑。每一盘棋都是一次挑战，他陶醉其中，围棋成了他的挚友。

学习围棋是一件十分辛苦的事，每天都要通过下棋进行反复的强化训练，做好各类的死活题，背住多种的棋局定式。这对于一个处在青少年阶段，校内课业负担重，课余时间有限，升学压力大的学生来说，如何处理学好围棋与学好课本知识的关系就显得十分重要。

每每说起这些，刘晋源一直认为，学习围棋一定会影响到在校的学习，但这个影响绝不是消极的、负面的。学习围棋给了他一种理解这个世界的方法，也能锻炼了他的思维，尤其是对他的文化课学习，特别是数理化的学习帮助很大。因为，学习文化课和学围棋一样，都需要首先理解事物所蕴涵的原理或者规律，然后灵活地将其运用到解决实际问题之中。就是因为如此，他由衷地感谢围棋。他说，围棋给予他的东西，根本无法用言语形容。

一路走来，一路风景，一路成长，处处都有围棋给予的阳光雨露。

在这么多年的学习围棋，打围棋比赛过程中，令他难以忘怀的，有两场比赛，一胜一负。一场是2013年5月参加的北海市围棋少年王冠军争夺赛第二名的那场。那一年，刘晋源15岁。当时的对手是他非常熟悉的棋手，他对对方的下棋路数，以及对方的性格特点，可谓了如指掌。一开局，他稳扎稳打，一路铺排，很快占得先机，前半段他赢了对手20目以上。面对劣势，对手不慌不乱，发起反攻，二人竟平了小分，把比赛拖进了加时赛。最后他输掉了比赛，没有争得冠军头衔。

另一场比赛是2012年广西青少年围棋团体赛。那一年，刘晋源14岁。

当时他遇到了柳州市围棋界同组最强的对手之一。落下棋子，没过几手，他在整个局面上便呈现出子子被困、点点被围的态势。面对如此不利形势，他不断地在心里鼓励自己，撑住，撑住，一定要撑住！他没有被对方的阵势吓怕，没有乱了自己的方寸。那时那刻，他仿佛有了两双眼睛。一双盯住眼前，一双凝望最终。他告诉自己，只要能撑得住，撑下来，就有机会，就有希望。一番博弈，胜利终于眷顾了他。

这两场比赛，进一步加深了他对围棋的认识。围棋不是玩具，学习围棋不是学着玩乐。围棋是他生活和人生的师者，是他前进路上的风景，是他与这个世界沟通的桥梁。因为是围棋让他养成了良好的学习和生活习惯，让他懂得了遇事思考的意义，教会了他该如何去更好地运用和享受思考，让他不管是面对胜利，还是失败，都能保持着一股奋发向上、不断努力的热情，让他学会了在进退演绎中选择与放弃……

刘晋源说，所有的这一切都可以归纳为一个核心，那就是学习围棋，使他懂得做任何事情都要去发现、认识、掌握、运用事物内在的规律，这样才可在已知中预见未知，进而让自己成为自然规律的知己。有了这般收获，棋盘方寸之间的谁输谁赢，已经微不足道了。

棋子起落成风景。快乐学棋，快乐人生，何愁没有一路佳境相伴？

# 棋弈乾坤出少年

## ——王子华与围棋的故事

金沙江

王子华与围棋的故事，起始于他6岁那年，那是2012年9月。

一个6岁的孩子，世界在他面前，仿佛是旋转的万花筒，充满神秘新奇，幻化五彩斑斓。他的心愿之远，我们无法抵达；他的张望之阔，我们无法触摸。在这万千缤纷的召唤中，他走向了自己喜爱的围棋，或者说，是围棋在那儿等了他许久。

秋天，收获果实的季节。王子华与围棋恰似好友心约相会，一见如故，从此开启了一个小小少年的播种季。仅仅6岁，他不可能说得清围棋这项棋类运动会给他带来什么，对他的一路前行意味着什么。但是，当他面对棋盘上的黑白世界坐下，他的心绪就如深水静流一样淡定，他的目光就能聚焦出敏锐的智慧，他的思考就有牧马草原的辽阔遐想。几年过去，年仅11岁，就已经成为围棋业余6段的王子华，不会说自己与围棋缘分的深浅。这么多年，围棋给予他的，和他对围棋的执着，热爱二字足够。

说起王子华学围棋的初衷，还真有些意思。上幼儿园的他，年龄不大，却是一副小男子汉的气派。每天都有用不完的精力，每时都会冒出花样翻新的玩法，每刻都恨不得无拘无束地奔跑跳跃。这几样儿叠加在一起，不就是一个喜动有余，安静不足，坐不住板凳的“淘气小子”？为了改变这种情况，也是为了给孩子充沛的精力找到一个正确的释放渠道，家长决定让他学习围棋，定定性情，稳稳心思。

还别说，学习围棋后，王子华果真渐渐地变成了一个沉稳安静，但又不失热情、善于思考的大男孩儿。不过事情的进程还不仅仅就此而已，经过一段时间的围棋培训学习，业内专家们不但感觉到王子华对围棋发自内心的热爱，也一致认定他是围棋场上一匹难得的“好马驹”。

几多耕耘，春华秋实。事实证明，他确实不愧为围棋专业人士口中的一批“好马驹”。在围棋比赛这个没有硝烟的战场上，王子华一肩双职，既是战斗员，又是自己的指挥员。参加各类专业的围棋比赛，参加固定的培训学习，挤时间在网棋上鏖战。经过短短4年的时间，11岁的他竟然成为围棋业余段位中高水平的6段棋手。当我们好奇地问他，这么多年，学习围棋的过程中一定会有许多艰辛，哭过鼻子吗？他摇摇头笑眯眯地说：“从来没有，但懊恼不已的情况还是有的。” 那是2016年6月10日，在南宁参加第六届“招商地产杯”全国少儿围棋选拔赛决赛中，因患小感冒，身体有些不适，同时又受到对手先慢后快棋路（包干制）的故意干扰，意外失手，没能蝉联冠军，失去了到北京中国棋院与世界冠军柯洁对弈学习的机会。虽然当场觉得很郁闷，但很快也就过去了，围棋让他享受的是难得的快乐。快乐着下棋，下棋并快乐着，这才是王子华想要的。

光影流年，青春韶华。王子华携手围棋一路成长。有人把围棋的黑白棋子形容为一双眼睛，他就是通过这双“围棋之眼”不断地学习着正确看待世界，认知事物。在成为围棋业余6段之后，有几场围棋比赛至今令王子华记忆深刻。2018年4月19日，在玉林参加“百千万工程”广西青少年围棋精英比赛，第二局的比赛中他的对手是防城港市的棋手林新哲。一开始，比赛进展得比较顺利，他掌控着整个局面。这时他产生了轻敌思想，思想一松，便出现了手软、气泄、棋路走偏的状态，当时的情形简直如过山车一样，从顶端滑落，在对手的盘面优势压力下，他及时清醒，认识到问题的严重性，鼓起勇气，顶住压力，穷追猛打，以半目险胜。此后的比赛，他全神贯注，最终以全胜战绩获得了比赛的冠军。另一场比赛是2019年4月17日，在北海参加第一届“南珠杯”全国业余围棋王中王赛，在第五局战胜了世界业余围棋冠军、业余8段名将付利老师。这是他下过的最开心的一盘棋。他还告诉我们，2019年4月16日，他下过最沮丧的一盘棋，那也是在北海参加第一届“南珠杯”全国业余围棋王中王赛，第二局对业余7段名将苏广悦时，他没能把握好机会，痛失好局，憾负对手。

正所谓乾坤未定，你我皆为黑马；以棋为马，不负豆蔻年华。在棋局中历练，在历练中成长，在成长中精彩，这是王子华的希望所在。一场场围棋比赛对王子华而言，最大的意义不在于输赢，不在于是否获得了冠军，通过比赛让他获得了对事物的准确认知和对一个风云变幻局面的判断和把握。

围棋比赛是很磨脑力的比赛。比赛的整个过程要求棋手必须保持头脑的高速运转，开动脑筋，快速计算。在设眼和灭眼之间，做好死活题。王子华在这方面一直刻苦努力，做得十分出色。在打围棋业余3段的时候，面对棋局的思考，他就与一般成年人没有太大差别。当他进入围棋业余6段，思考不但有了深度，也拥有了宽度，可谓在天地间展翅飞翔。

王子华不会忘记当初在围棋启蒙班的时候，一盘棋他只能下20分钟就可以见了分晓。一步步走来，每盘棋的时间一秒一分一时地加长，到了围棋业余6段，一盘棋，他要用时2~3个小时。如果说2017年以前，王子华围棋水平还处在爬坡阶段，那么到了2018年、2019年，他的围棋棋势风格逐步成熟，明显跃上了一个新的台阶。在王子华棋艺不断提升的背后，是一个少年心灵的成长。

棋盘有边，棋子有数，棋局有结，但是，蕴涵着中华民族传统历史文化深厚精髓的围棋，给予一个人成长过程中的养分是厚重和广阔的。应该说，在这方面王子华受益无穷。

2020年1月1日，2019年广西围棋少年王三番棋决赛在南宁南国弈园举办。围棋少年王比赛，一听这冠名，就可想到比赛激烈的程度。能在高手如林的广西青少年棋手中脱颖而出，实属不易。面对这种局面，王子华做好了激战三局的思想准备，可最后他以2：0获胜，实至名归地摘得了广西围棋少年王的王冠。作为围棋人，广西围棋少年王，不仅是许多围棋少年追求的梦想，也令经过无数拼杀的围棋成年高手赞叹不已。说起这辉煌战绩，王子华却是异常平静淡然。他说，比赛已经过去了，少年王只是一个称号而已，真的不太重要，自己只是想努力下好每一盘棋，争取在下棋中获得更多的乐趣。

据北海弈海清风围棋俱乐部的围棋老师介绍，在王子华身上有一种很有意思的现象，当坐在棋盘前面对对手时，他双眼凝神，目光炯炯，周身散发出激情，敢打敢拼，而轮到让他上领奖台，面对喝彩掌声之际，他竟变成了一个羞涩的大男孩。我们很难想象，当年那个喜动的孩童，面对荣誉时，会是这样的不事张扬，甚至是怯场。问他，他还是一句简单的话，下好每一盘棋比什么都重要。

“下好每一盘棋比什么都重要”，这就是王子华围棋路上的座右铭。记得2019年有两场比赛，每每提起，王子华总是深深地检讨自己。那是2019年4月，他与队友曹潇阳五段、张坤峰业余6段通力合作，夺得第10届泛北部湾围棋联赛冠军。在比赛排兵布阵中，他比较“幸运”地遇上强手：邱金波五段、涂清四段、潘峰四段，因棋力尚欠惜败，最遗憾的是半目惜负佛山业鹏机械一队的业余6段黄毅飞。赛后他自责地给自己的表现只打了60分。2019年赛季城围联比赛，北海弈海清风队荣获亚军，作为队员，王子华为团队取得的成绩感到自豪，但团队与冠军失之交臂，他甚为惋惜。他一直检讨是自己的棋力尚欠，没能给团队更多的支持。他鼓励自己，继续加强训练，如有机会，一定努力为北海队争光。

问他学习围棋对他的益处，他说，学习围棋能很好地拓展自己的全局观念，对思维能力与想象力会有很好的训练；遇到烦恼的时候，通过下棋能很快地平静下来；棋逢对手，对锻炼自己的思维缜密度和强度大有好处；学好围棋，真是乐趣无穷。

一位少年的那份淡定与从容，是多么可贵的品质，它必将成为一个人生命中闪光的东西。

棋弈乾坤出少年，人生精彩出少年！

# 北海市银海区机关幼儿园：围棋教育塑造幼儿园品牌

李　中

把围棋教育作为特色教学活动，北海市银海区机关幼儿园已开展了15年。凭借丰富的教学经验和成熟的教学条件，2015年9月，该园被评为“广西围棋特色幼儿园”，并成功将特色塑造成招牌。这15年来，围棋与孩子们产生了微妙的“化学反应”。在一次次头脑风暴中，幼儿不断成长，素质日益提升。见证了北海城市发展的银海区机关幼儿园，同时也见证了围棋在幼儿中播种下的一颗颗人生种子，并以星火燎原之势，在北海掀起热潮。

“看到孩子们是发自内心地喜欢围棋，并从中收获颇多，包括快乐，我们作为教育者，也感到选择是对的。”银海区机关幼儿园园长韦志红感慨万千。

2004年10月起，幼儿园邀请北海市希望之星围棋培训中心老师为中班、大班全体幼儿每天上免费教学课，自此开启了幼儿围棋启蒙教育之路。当时，北海了解围棋的人还不多，而将围棋引入幼儿园，银海区机关幼儿园应是全市第一家。“我们幼儿园的教学理念是‘健体乐学，崇德善美’”，在韦志红看来，积极向上永不放弃的围棋精神，跟幼儿园的办学宗旨是相辅相成、融会贯通的。

对活跃而坐不下来、注意力难以集中的幼儿来说，学围棋、下围棋，能较好地集中他们的注意力，以及培养他们的观察能力、判断能力等，对智力的开发能起到一定的促进作用。“围棋作为幼儿园特色教学的一部分，有益幼儿身心健康发展，这是百利而无一害的事情。”韦志红说道。除了引

银海区机关幼儿园荣获第十七届北海市中小学、幼儿园围棋团体赛一等奖

进围棋教学，该园还积极创设围棋活动环境，在教学楼二楼大厅设置“棋乐无穷”区域，宣传围棋知识，提供棋具供孩子们对弈，为幼儿营造良好的氛围；举办每年一届的围棋比赛，推动幼儿园围棋活动的普及开展；积极挖掘优秀的种子参加北海市中小学、幼儿园少儿围棋团体赛、北海市少儿围棋千人大赛等，让孩子们在围棋这条路上走得更远。

事实证明，银海区机关幼儿园的选择是对的。围棋仿佛有一种神奇的魔力。照理说，不是黑就是白的棋子，很难对幼儿产生吸引力。然而，据与幼儿园老师介绍，围棋对于爱争第一的孩子们而言，相当于一种最有趣的游戏，一种需要不断博弈，且过程变化无穷、输赢无常的游戏。

“幼儿的学习是以直接经验为基础，在游戏和日常生活中进行的。”围棋既能激起幼儿们的胜负欲，让他们感受到胜利的喜悦，也在失败中磨炼意志，让他们面对困难更加勇敢。

每下一局棋，幼儿们都扑棱起想象的翅膀，尽情翱翔。希望之星围棋培训中心的老师巧妙地将棋盘和棋子拟人化、童趣化，成功勾起幼儿们对围棋浓厚的兴趣。“比方说他们把一个棋子摆起来的阵势叫做大老虎，问要怎么堵住它，或者拿什么东西来喂它？这就很生动形象。”一名幼师说，围棋老师用孩童能够接受的语言模式吸引幼儿，教学模式融合了幼儿教育的理念，极大地激发了孩子们的学棋热情，小朋友特别感兴趣，看得眼睛都不眨。

家长们也非常支持围棋教学的开展。“孩子学了围棋以后，感觉变化很明显，做事情可以沉下心来。”“在家做作业坐得住了。”“独立能力、思考能力都变强了。”家长们明显看出孩子学棋前后的变化，从一开始不抱太大期待报名，到后来积极给孩子报名进一步学习。甚至，还有家长选择银海区机关幼儿园，就是因为围棋教育这张招牌。“今年幼儿园的运动会，我们把围棋比赛作为其中的一个项目，家长们都踊跃地帮孩子报名参加。”副园长林玲的话语中带着欣喜，家长们支持，让他们感受到所做的工作备受肯定。“学生和家长都十分感谢我们开设这样的课程。很多人反馈，说对孩子的成长帮助很大，希望我们能继续开设。”韦志红坚定地表示，这条选对的路，肯定会走下去。

说来也奇怪，明明叫银海区机关幼儿园，这家幼儿园却坐落在海城区一隅。自1994年建园以来，它见证了北海20多年来城市建设的不断发展、

银海区机关幼儿园围棋汇报比赛　知方/摄

不断壮大，同时也是北海围棋事业发展的见证者。

这些年来，伴随着围棋事业在北海如火如荼地展开，银海区机关幼儿园的幼儿数量也翻了一番，启蒙和培养了大量棋手，参加历届北海市中小学、幼儿园少儿围棋团体赛、北海市少儿围棋千人大赛等多个赛事，小棋手们取得了多届围棋幼儿园组一等奖、二等奖的好成绩。其中，2019年晋段晋级的2段选手吴铂均，1段选手赖鸿文、何科桦和一级选手翁德轩，都是很具潜力、进步非常迅速的种子选手，在市级各个赛事中均名列前茅。“上次我们去参加比赛，就遇到了以前的学生代表他们的学校去参赛。他从幼儿园开始就考段，慢慢学起，我问他现在几段啦？他说还差1段就满段了。”林玲既激动又欣慰，“现在很多学校都抢着要他，他也很刻苦，不是一般人能够达到这样的水平。”

从看着幼儿们蹒跚学步到现在成为围棋高手，教育者喜悦的心情难以言表，且充满感动。围棋在有意无意间，成为伴随孩子们成长的一个兴趣，甚至让他们的成长如虎添翼。“围棋并不是光凭一时的兴趣就能下好的，学会围棋并不难，但是要下好就要下苦功。而要达到一定的层次，一是要有这方面的兴趣，第二是本身有天赋，还要很努力。”韦志红说，幼儿园主要就是培养孩子对围棋的兴趣，做出第一步的努力，为孩子们打开一扇大门，“接下来，我们还将继续传承围棋特色教学，为推广家乡围棋传统文化贡献自己的力量”。

# 北海市第一幼儿园：让孩子走好人生每步棋子

沙 歌

北海之美，美在大自然馈赠的碧海蓝天、绿树红花，更美在历史底蕴源远流长的人文情怀。人文情怀是胜于银滩和涠洲自然景观的另一大美之景。在这大美之中，有一道独属北海的风景线，它便是在北海市蓬勃开展的各项围棋活动。而北海市第一幼儿园围棋特色课程的开展，就是北海围棋风景线中一枝卓然开放的围棋之花。

在深秋一个美丽的早晨，我有幸走进北海市第一幼儿园，去赏读中华传统文化的芬芳，去拜会为弘扬围棋文化辛勤劳作的人们。

走进北海市第一幼儿园，迎面映入眼帘的，是一方别致的天地。在一圈充满雅致氛围的环境中，是一片属于围棋的天地。棋桌上展开的棋盘，黑白两色的棋子，安然地等待着小棋手们。靠墙一侧的一列列棋柜里，整齐摆放着一罐罐棋盒。身在其中，周遭无一不是围棋。那一刻，我真切地感受到围棋作为中国传统文化的高雅气质和北海作为围棋之城的独特风景。

北海市第一幼儿园围棋园地　知方/摄

在小朋友们平常游戏的围棋角，我和北海市第一幼儿园园长张重宁以及她的几位同事聊起了幼儿园与围棋的不解之缘。事先我与张园长电话联系过，电话里她的话不多，可见了面后，说起幼儿园的围棋特色课程，她仿佛变了一个人，如数家珍地打开了话匣子。

时光回到2010年，这年张重宁调到北海市第一幼儿园当园长。面对千条线万根针的工作，她深入思考，开始探索幼儿园的特色发展。她觉得，作为幼儿园，为孩子走好人生的每步棋奠定坚实的基础，是最根本的特色。而中华民族五千年的文明，有无数的文化瑰宝，这正是我们需要薪火传承的宝贵财富。于是，张园长带领着一班人，围绕如何将传统文化融入幼儿园做起了文章。当他们了解到北海市政府高度重视围棋的发展和普及，围棋在北海也有一定的群众基础，因此，决定在市一幼开设围棋特色课程，成立“弈秋棋社”，与北海市围棋协会合作，聘请围棋协会的老师来园开展中大班围棋课程，开展教职工班后围棋素质提升活动。

北海市第一幼儿园围棋园地　　知方/摄

正当幼儿园围棋特色课程如火如荼地开展之时，在个别老师和家长中，出现了不同的声音：“这不就是教孩子们玩吗？不就浪费了孩子们学习其他知识的宝贵时间吗？”

针对这种思想波动，北海市第一幼儿园组织多场家长和教师座谈会，邀请有关专业人士，作了中华传统文化对幼儿成长重要性的讲座，改变大家的思想认识。琴棋书画是古人修身必备的技能，是中华传统文化的瑰宝，围棋是中华传统文化中的精华，集智力、趣味、竞技于一身，开展围棋特色教育，兼备开发智力与培养品行等多项教育功能。开展围棋特色课程，符合国家对幼儿素养提升的培养要求，亦与市一幼“博以睿智，爱以修心”的办园理念高度契合。围棋中礼仪的培养，尊重对手、遵守规则等行为的培养，落子无悔、三思而后行、胜不骄败不馁等品质的培养和市一幼“自

世界冠军时越九段到北海市第一幼儿园指导小朋友们对局

知方/摄

信自立、乐观乐学、包容合作、探索创新”的培养目标同出一辙。因此，围棋特色课程理应成为幼儿园特色发展探索之路上的第一个园本课程。

统一思想后，北海市第一幼儿园根据幼儿的身心发展特点，拟订教学目标、设定教学内容、创新教学方法，通过开展围棋游戏，让孩子在游戏中萌发对围棋的兴趣；通过专业围棋老师入园开展日常围棋课，让孩子学习围棋专业知识，养成良好的行为习惯；通过举行幼儿围棋比赛，让孩子体验围棋竞技的魅力；通过家庭围棋课堂、亲子对弈赛等，让孩子与家长共同参与其中，感受围棋的乐趣。幼儿园中掀起了学习围棋的热潮，围棋特色课程逐步完善。

张园长说，围棋不仅仅是一项脑力游戏，它充满了人生智慧以及国学思想和数学思维。因此，北海市第一幼儿园开展的围棋特色课程，实质是以围棋作为工具、载体，来实现孩子人格与个性的健康和谐发展。孩子不仅在围棋特色课程中培养了规则意识，发展了逻辑思维，养成了良好习惯，还了解了不少成语故事，感知了许多基本数学常识。围棋特色课程的成功开展，为足球特色课程、中国鼓特色课程、啦啦操特色课程等的开展提供了有益经验，成为传统文化教育主线上一颗闪亮的明珠，很多学校纷纷效仿。

北海市第一幼儿园高度重视围棋特色教育，不断完善制度保障。他们不仅成立了素质教育领导小组，由保教部门具体负责管理，将围棋纳入特色园本课程实施，还建设了规范化的围棋教室，与北海围棋学校建立长期合作关系，依托围棋专业师资联手培育幼儿，并为围棋学校提供大量的优质后备力量，全方位促进幼儿园围棋特色课程的开展。为兼顾普及性的素质教育与专业性的特长培养，围棋特色课程的开展形式丰富多样。日常开展中大班的围棋校本课，学习围棋基础知识；开展幼儿园围棋汇报课，展现孩子学围棋的快乐过程；举办班级围棋接力赛，培养孩子互相配合、顾全大局的品质；举办年级围棋对抗赛，激发孩子团队意识；举办“小精英杯”幼儿围棋大赛，感受围棋竞赛的氛围；开办家庭围棋课堂，邀请家长和孩子一起体验学习围棋的乐趣；举办亲子对弈赛，家长和孩子感受一起下棋的喜悦；组建“围棋校队”选拔围棋苗子，进行系统深入的战略技巧学习，为参加各类比赛做准备；开展教职工“1+N”围棋课堂，为支持孩子的围棋学习奠定师资基础。

通过围棋特色教育的持续推进，北海市第一幼儿园为北海市围棋事业培养了一批批杰出的小棋手。小棋手们在幼儿园习得的围棋技能技巧，养成的良好对弈习惯，培养的逻辑思维品质，为他们进一步的围棋学习奠定了坚实的基础，为他们取得更大的成绩起到助推的作用。例如原校队小棋手陈俊霖，幼儿园期间荣获2012年北海市“实验学校杯”千人围棋大赛D

时任市长蔡锦军到北海市第一幼儿园指导工作

北海市第一幼儿园荣获第十五届北海市中小学、幼儿园围棋团体赛一等奖

组冠军。2013年7月毕业后，继续创造辉煌成绩。2017年8月在广西壮族自治区希望工程围棋比赛中晋升业余5段，在广西青少年围棋锦标赛、北海市“我是棋王”少儿围棋赛、北海市中小学生幼儿园围棋象棋团体赛等各项比赛中荣获优异成绩。还有获得业余5段的黄子翔、王唐君、黄全峰、陈俊霖、黄俊罡、周鑫彤、林家乐，4段的陈安之、叶福森、黄正瑜、刘炫颉，以及3段的曹可昕等大批优秀棋手，持续不断地在各类围棋比赛中传回捷报。

北海市第一幼儿园在开展围棋特色课程、围棋普及工作后，幼儿对围

北海市第一幼儿园荣获“全国围棋育苗工程重点基地”

棋的兴趣持续高涨，幼儿的德智等方面得到明显提升，围棋特色教育取得优异成绩。2010年至2019年，北海市第一幼儿园连续10年荣获北海市中小学幼儿园围棋象棋团体赛幼儿园组一等奖；2015年获得广西围棋协会“广西围棋特色学校”称号；2017年11月获得全国围棋协会“全国围棋育苗工程重点基地”称号。

“为孩子走好人生的每步棋子”，张园长说，这是他们的工作格言，也是他们人生的座右铭。我被深深地感动着，就为他们这句：为孩子走好人生的每步棋。

# 北海市机关幼儿园：让围棋照亮孩子的人生

李 中

“让围棋照亮孩子的人生”，这句话出现在北海市机关幼儿园一间特殊的围棋教室里。这间特殊的教室，便是2018年10月落户该园的全国第35家，同时也是广西首家“陈毅爱心围棋教室”。

自2009年起，围棋便以兴趣班的形式进入机关幼儿园。伴随着北海围棋土壤愈发肥沃，围棋也在这家幼儿园日渐结出硕果，照亮无数幼儿的人生。

2018年10月25日，北海市机关幼儿园陈毅爱心围棋教室揭牌，该项目为公益项目，由中国棋院、上海市应昌期围棋教育基金会共同倡议主办。其创办是为纪念新中国围棋事业的奠基人陈毅元帅，同时传承中华优秀围棋文化，开发学生智力，也是为关心、支持围棋事业的企业和个人提供公益参与平台。

项目落户北海，既是对北海围棋事业的极大认可，也是促进北海围棋教学事业发展的一大契机。而选择机幼，正是看中了该所幼儿园在办学上对围棋教学的重视。

爱心教室揭牌当天，应邀前来的中国国家围棋队领队华学明现场考起了刚上了几堂课的幼儿，结果孩子们的表现令她刮目相看，“这些小朋友非常聪明，能举一反三。”

2009年，在北海围棋还未形成浓厚氛围的时候，便以兴趣班的课程形式进入机幼，经过一年多的普及，学习围棋的幼儿从几个人慢慢增加至60多人。2016年3月起，围棋以园本课程的形式在全园普及。普及课程开设期间，每个学期中班、大班都要进行围棋汇报课，汇报课通过介绍上围棋课的模式、知识问答、实战练习等环节，向家长们展示围棋的魅力。

“尽管原先可能对围棋缺乏了解，但因为孩子的参与学习，家长们对围棋的兴趣也逐步被带动起来了。”副园长张均霞介绍道。据悉，截至揭牌时，在该园接受过围棋普及教育的孩子已有约1200人。

一年多来，机幼除了把围棋课程作为园本课程的重要内容持续深入开展，邀请北部湾棋院教师为各班幼儿讲解围棋入门知识，以及各班教师在活动中引导幼儿熟悉掌握围棋技巧等，为广大幼儿不断创造认识围棋、学习围棋的机会。

“幼儿一般都好动，但下棋却要求平心静气、全神贯注，这对注意力不集中、容易分散精力的孩子来说，是最好的注意力训练。”在机幼老师看来，围棋仿佛有一种神奇的魔力，无论平时小朋友们玩得多疯，下围棋一旦进入状态，钻研下一步怎么走的时候，都会安静下来。这些孩子的棋艺让教师们都甘拜下风，“我跟他们下过棋，一开始还下不赢”。一名年轻的男性教师羞赧地说道。

围棋的魅力还不仅限于此，“小朋友的具象思维比较突出，看到什么就是什么，很少有整体的概念，围棋就会让他们对整个棋盘进行综合考虑，

北海市机关幼儿园陈毅爱心围棋教室活动　知方/摄

拓宽了他们注意力的广度”。

幼师们认为，围棋活动培养了幼儿良好的心理素质，使幼儿自信、自控、自律、自强，情绪稳定，承受力强，意志坚定。通过围棋活动，不仅提高了孩子们的棋艺，还有利于幼儿人际交往和自我认识的拓展，帮助幼儿树立起正确的人生观和世界观。

相较于其他的园本课程，围棋对师资力量的要求更高。“软实力很重要，老师要很有水平才能带动学生进步。”而北部湾棋院和陈毅爱心围棋教室的教师都深耕围棋教育领域多年，他们跟幼儿交流很有一套。“他们用的是小朋友能够听得懂，听了之后能够内化的语言。”如把围棋比喻成动物，赋予棋子以角色，让围棋鲜活起来，“看起来是黑白两色的棋子，他们编了故事以后，棋子就活灵活现了，不同的套路能讲出不同的故事，这样小朋友当然能接受”。

为进一步发挥“陈毅爱心围棋教室”的作用，2019年，机幼举行了以该教室冠名的围棋个人赛。

比赛吸引了120名幼儿参加角逐。经过4轮赛事，林思秀、陈李皓、陈李航、莫逢谦等幼儿跻身前十名；35名幼儿荣获“最佳小棋手”称号。此次比赛挖掘出不少优秀小选手，为参加全市围棋比赛打下坚实基础。在张均霞的记忆中，机幼曾有一位小棋手参加了由北海市旅游文体局、北海市

北海市机关幼儿园陈毅爱心围棋教室一景

知方/摄

教育局联合主办的第15届北海市中小学、幼儿园围棋象棋团体赛，共赢了7场，获得“全胜王”的称号。该幼儿家长很注重培养孩子的围棋特长，期待孩子有一天能走上职业化的道路。

北海市机关幼儿园陈毅爱心围棋教室活动　　知方/摄

联想到该幼儿的人生轨迹或许会因幼儿园的课程启蒙而有所改变，张均霞认为，这正贴切地体现出陈毅爱心围棋教室“照亮孩子的人生”这一宗旨。她十分敬佩这些致力于为孩子人生点亮光芒的教师，“在孩子们还不懂围棋是怎么一回事的时候，他们就懂得去发现和引导他们，一步一步让他们加深学习”。

被选拔出的好苗子走向更高规格的赛场。2019年11月，城市围棋联赛2019赛季总决赛在北海举行，带幼儿参赛的一名幼师被当时的景象所震撼，“比赛规格很高，全市都很重视，知名度也大大提升，感觉不同凡响”。他的感受也正是众人的共鸣。近年来，北海围棋蓬勃发展，“围棋进校园”活动已纳入19所幼儿园、9所小学、1所高职院校，每年有近5000人参加校园开设的围棋普及课程，全城对围棋的热情日益高涨。这片土壤为围棋事业输送出一批批的优秀围棋人才，这其中，必不可缺机幼的一份力量。

# 要为北海围棋事业输送更多人才

## ——北海市第二实验学校校长胡卫琼专访

李　培

自2014年春季学期开始，北海市第二实验学校开始了一次“试点性”的特殊课程，学校以育苗普及工程的形式对一年级的6个班开展了围棋校本课，至2015年秋季学期，又以校本选修形式开展了小学部二年级及以上和初中部七、八年级的围棋课程。第二实验学校这一举动，取得丰硕成果——自2015年北海市少儿围棋千人大赛开始，该校学生连续获得多项赛事的较高名次，也让该校校长胡卫琼坚定了继续为北海少儿围棋事业输送更多人才的信心。

“‘琴棋书画’是我国四大传统艺术，从古至今都是人们陶冶情操、加强修养的必修课程。围棋，作为一项高雅的智力运动，包含了大量的文化历史、礼仪习惯等，不仅可以培养学生的性情，更能使学生变得知书达理、温文尔雅。”胡卫琼这样解释了自己和学校方面选择大力发展围棋普及教育的原因。

谈起学校近年来在围棋方面取得的成绩，胡卫琼如数家珍：2015年少儿围棋千人大赛1段组钟宇良获得第10名；四级组彭俊宇获得第2名；2016年少儿围棋千人大赛钟宇良升入2段组并且获得第6名；2017年少儿围棋定段定级赛定段组的李松毅、1段组的陈俊企、四级组的占若谷……2018年少儿围棋大赛和少儿围棋千人大赛也有10多名学生在不同组别获得名次；2019年成绩更为突出，在团体比赛方面，从第十三届北海市中学、小学、幼儿园围棋团体赛一直到第十七届都收获各种奖项，并且排名在不断进步。

但这些能“挂在墙上”的荣誉，却不是胡卫琼最看重的“收获”：“围棋的益处，要站在更高的角度来看。”胡卫琼从事教育工作多年，她认为，一位有责任心的教师，不能只关注孩子的考试成绩和奖状，培养孩子自主学习的能力、良好的学习习惯和正确的三观才是更重要的事。

谈及围棋在辅助教育方面的作用，胡卫琼总结出围棋的“四大优势”：“首先，在下棋过程中最主要的是通过大脑计算和判断之后落子，如果不经过深思熟虑就随便落子，则非常容易导致胜负天平的倾斜，这就是‘逼’着孩子去多思考、多用脑，要知道脑子越用越灵不是一句空话，所以，围棋可以开发学生的脑力智力，是毋庸置疑的。”

“其次，学习围棋可以陶冶学生情操、加强学生修养，围棋从中国古代经过多年发展，不但有一套健全的规则，更有相关的礼仪规范，学生们学习围棋不但要学会如何下棋获胜，在下棋过程中表现自己来获得别人的赞赏，同时还要学会尊重对手，在比赛中获得友谊。良好的风度和修养就是从小培养起来的。”

“第三，围棋可以有效提高孩子的心理承受力，近些年来，我们经常会看到一些报道，有的孩子因为生活学习上的小小挫折就自暴自弃选择轻生，也有的孩子会选择沉沦……作为一名教师，我每次看到这种报道，真的很

北海市第二实验学校组队参加第十七届北海市中小学、幼儿园围棋团体赛

痛心，而围棋本身是一项竞技类的娱乐活动，想要获得胜利就需要战胜对手，同时也需要不断地超越自我。经常下围棋可以在下棋的过程中不断激发学生的好胜心，从而培养学生的竞争意识。同时，比赛必定会有胜负，它能直接增强学生的抗挫折能力，培养学生"胜不骄、败不馁"的坚毅品格。胜，固然可以提升自信心；败，也是比赛的一种常态，可以让学生接受挫折教育，强化学生的心理素质。"

"最后，也是很多家长会看重的一点，学习围棋对学生在学业上的促进效果是非常明显的。学生下棋的过程就是在经历一次次的试错，不断复盘、总结教训，逐渐理解每步棋的含义和必然性，这样逻辑思维能力就能得到极好的锻炼。用到学习上，比如数学，在做题时，他们的思路会更缜密，把每个步骤写清楚，计算的准确性非常高。比如语文，写作文时，他们的思路更清晰，层次分明，结构完整，中心明确。"

在胡卫琼看来，学习围棋，不能带有太多的功利心，"急功近利"只看短期的成绩是非常短视的做法："对于之前取得的成绩，我也是非常为学校的孩子们感到骄傲的，但从我的角度来看，在学习围棋的过程中，能让孩子们有超出于围棋本身之外的收获，才是更重要的事。"

胡卫琼表示，学习围棋不是一朝一夕的事情，它是一个过程，需要培养"活到老，学到老"的意识，永远保持积极上进的心态；同时要持之以恒，养成每天对局，做题的习惯。她建议有意让孩子们涉及围棋运动的家长能放平心态，给孩子们一个宽松的学棋环境，不要急于"出成绩"，那样，"就是拔苗助长，本末倒置了"！

2019年，北海市被中国围棋协会授予"全国围棋之乡"称号，这也让胡卫琼很自豪："全国围棋之乡的称号，是在全北海市所有热爱围棋、努力发展围棋事业和围棋教育的人的共同努力下获得的，这也是对我们这些热爱围棋的人的一个肯定，让我们知道，我们所做的事情，是有意义的！"胡卫琼表示，今后，北海市第二实验学校会与北海市围棋协会在普及教育、活动赛事方面继续开展合作，希望通过棋类活动的持续开展，以棋辅教、以棋助教，引领学生认识丰富多彩的棋类世界，使学生全面发展，富有活

北海市第二实验学校围棋校本课　黄于恬/摄

力，让教育富有色彩，营造以棋育德、以体健身、文化育人的和谐校园。“希望我们所做的事，让北海‘全国围棋之乡’的称号更加名副其实，也能让更多的学生感受到围棋的魅力，体会到中华传统文化的美好！”

# 陈奕宁：乐在“棋”中　历练成长

覃时依

陈奕宁，第二十届全国“建行·育苗杯”围棋赛团体第一名，个人男子第4名。

黑白世界，变幻无穷。围棋不仅浓缩了中国传统文化的智慧结晶，更被认为是世界上最复杂的棋盘游戏。这个北海小男孩，初见便迷上“不少成人都望而却步”的围棋；学棋两月，便斩获第一个属于自己的围棋亚军；2019年仅8岁，已一路过关斩将成功晋级业余4段。他便是陈奕宁，北海小棋手中的佼佼者。

“见到围棋，他就死活都不肯走了。”回想起陈奕宁学习围棋的经历，妈妈还觉得那情景有些“好笑”。

2016年，陈奕宁5岁，上幼儿园。幼儿园是孩子性格养成的关键时期，为了培养陈奕宁良好的兴趣爱好，妈妈给喜静的陈奕宁在幼儿园报了兴趣班——学画画。而画画班课后，紧接着就是围棋课。

“我们一家人都跟围棋没有更深的渊源，从来没想到他会这么喜欢围棋。”妈妈说。

其实，4岁多时，就给陈奕宁报过围棋体验班，但是那时觉得“他太小，围棋太复杂就没学”。但是每次画画课结束后，陈奕宁就坐着不肯走了，要等着上围棋课。

2016年3月的一天，陈奕宁从幼儿园放学回家：“妈妈，给我学围棋吧。”陈奕宁那张充满稚气的小脸蛋充满着向往。妈妈才惊讶儿子竟然对围棋这么感兴趣。

“既然他主动喜欢，想学就让他学吧。”妈妈说。

自此，年仅5岁的陈奕宁开始走进围棋这奇妙的黑白世界，与古老的围棋结下了不解之缘。

陈奕宁5岁开始学棋，展现出很高的悟性。

妈妈告知，自从如愿以偿学上围棋，陈奕宁学棋回到家，除了做好练习，便变身“小老师”，给姥姥和姥爷上课，把围棋课上所学再一一教给姥姥姥爷。睡前，会把娃娃玩偶集中在床上，一起“下棋对弈”，乐此不疲。而那时，虽然家里只有陈奕宁接触围棋，但全家也就随着陈奕宁的兴趣，慢慢地知道不少的围棋动画片。每每一家人其乐融融地一起观看教学动画，在陈奕宁的“教导”下，父子俩、爷孙俩都能摆阵对弈一番，也算是快乐的围棋时光。

“想着他喜欢，开心就好，完全没想过拿奖。”妈妈说。

2016年5月15日，由北海市体育局举办的“广西围棋希望工程杯”2016年北海市少儿围棋大赛在止泊园举行，学棋两个月的陈奕宁，第一次参加比赛便一路过关斩将，获得5岁组的亚军，崭露头角。

因为兴趣才会沉迷钻研，因为努力才会有所收获。接下来的学棋生涯，陈奕宁沉浸黑白世界。不管是在家还是去学习，陈奕宁总是会摆出让自己思考的棋盘，棋局在眼里，思考在脑海。很快，陈奕宁的棋力在班上排名靠前，超越不少同龄人。不久，爸爸和姥爷也不再是陈奕宁的对手。

此外，陈奕宁还对围棋高手对弈的节目特别着迷。

“不知他看没看懂，但他能随手摆出许多复杂的定式。”妈妈笑言。

至此，陈奕宁的进步速度走上了快车道。在2016年到2019年期间，他不断突破自我，段位也升到业余4段。

谈及学习围棋的收获，在妈妈眼里，陈奕宁在下围棋时透露出一种坚持和韧性，不畏惧不退缩，这便是收获。

围棋赛场上高手云集，棋盘上风云莫测，局势瞬息万变，赢得一盘棋的关键不仅是在对战中使用好的战术，更重要的是执棋者要有过硬的心理素质，在比赛博弈中，每一步落子都至关重要，稍有不慎，便有可能错失良机，甚至满盘皆输。

“北海的围棋氛围很好，学棋孩子众多，参加比赛的少年儿童多则上千人，少则二三百人。”妈妈认为，围棋比赛会有各地很多优秀小棋手同台竞技，对阵后期便都是围甲强手。陈奕宁参加每一场围棋比赛，都会遇上不同对手，一名优秀的棋手必须无惧来者，并要具备抗压能力。

“一直都挺放松的，说实话赛前没想过具体的名次，但棋局开始后就进入状态，只想着打好每一场比赛，发挥出自己的正常水平，全力向奖牌冲击。”而在妈妈看来，陈奕宁参加第二十届全国“建行·育苗杯”围棋赛，获得团体赛第1名；第二十届全国“建行·育苗杯”围棋赛个人赛中成绩优异，位列个人男子第4名，既是对他能力的肯定，也是对他心理素质的锻炼。

“围棋这一项中国传统文化、脑力游戏，每一场胜败都能给你带来不一样的收获。”妈妈认为，每一场比赛对陈奕宁来说，都是一次宝贵的历练和成长，一般不会纠结结果，他享受围棋的乐趣，并在比赛中得到锻炼才是最重要的。

刚刚过去的2019年，年仅8岁的陈奕宁在围棋段位赛上成功定段。谈及接下来的计划，陈奕宁这位在北海小有名气的围棋少年给自己定下的目标是：尝试冲击围棋业余5段。

然而，陈奕宁将面临围棋和学业冲突问题。随着年纪增长，学业压力增加，导致围棋学习时间被压缩，势必进阶也就迟缓。不少棋童家长便会“半途而废”，希望孩子能更倾心学业。陈奕宁也曾担心：“妈妈，停什么都不要停围棋课。”

陈奕宁妈妈坦言，相比其他各种赢在起跑线上的培训班，她更支持陈弈宁选择自己喜欢的。“即便业余5段选手对所谓‘赢起跑线’没有太大帮助，但他可以在玩围棋中获益，只要他喜欢学，就支持他学下去。”

“接下来，希望他能如愿以偿吧。”陈奕宁妈妈说：“我们家倡导快乐围棋，他能享受到围棋的乐趣，参加比赛，不管输赢，有所收获，这就很好。”妈妈希望，陈奕宁在围甲、高水平大赛中历练进阶，续写梦想，同时更希望他在这个黑白方寸世界享受乐趣，不断成长。

# 黄浚罡：韧劲造就了每一次的进步

罗　袤

黄浚罡，2017年第二十届全国“建行·育苗杯”围棋赛团体冠军，2017、2018年广西青少年围棋锦标赛暨广西围棋万人大赛总决赛亚军。

4岁多开始学习围棋，6岁拿下围棋比赛第一个冠军，获2016年“广西围棋希望工程杯”北海市少儿围棋大赛6岁组冠军，2017年获得第二十届全国“建行·育苗杯”围棋赛团体冠军，2017年、2018年广西青少年围棋锦标赛暨广西围棋万人大赛总决赛亚军。2019年，广西青少年围棋锦标赛暨广西青少年围棋万人赛总决赛收官，以4段C组第7名的成绩出线，成为北海市在全区围棋段位赛中升入5段年龄最小的选手。

黄浚罡今年9岁，学棋未到5年但围棋赛战果颇丰。可面对成绩，黄浚罡却觉得：还差那么一点点，自己下的功夫还不够，一分耕耘一分收获，往后的冲段及冠军之路，还需要更多付出。

幼儿园时光在学棋中度过。“当时，黄浚罡和园里的几个小伙伴主动报名学围棋，既然孩子想学，我们就支持他。”黄浚罡爸爸说。2015年3月，4岁多的黄浚罡开始与围棋结缘。

2个月后的2015年5月，黄浚罡经老师推荐参加了2015年北海市围棋协会少儿围棋大赛，以5岁组第5名的成绩出线，代表北海参加区赛。黄浚罡的爸爸黄炳权才发现，黄浚罡要学围棋，并不是一时兴起闹着玩的。

“为什么别的小朋友都有奖牌，我没有？”赛后，黄浚罡一脸认真地问爸爸。“因为别的小朋友更努力啊！”黄炳权回答。自此，黄浚罡更花心思在围棋上，自觉用心完成练习作业，这让黄炳权感到欣喜，开始帮着“辅助练习”，提升黄浚罡的棋力。

“整个幼儿园时光基本就是在练习中度过的。”黄炳权告诉笔者，因为幼儿园的学业不重，每天放学回来，黄浚罡就自觉地做题，要求网上下棋。黄炳权下班回家后，就陪黄浚罡练习巩固。

功夫不负有心人。短短时间，黄浚罡进步神速，在同龄人中难有敌手。2016年，“广西围棋希望工程杯”2016年北海市少儿围棋大赛开赛，黄浚罡一路过关斩将闯入决赛，并一举拿下6岁组冠军。这也是黄浚罡的首个围棋比赛冠军。

夺下个人首冠后，黄浚罡又参加过不少全区的比赛，可是总与冠军擦肩而过。爸爸黄炳权说：“总是差那么一点。”

2016年，夺得6岁组冠军的黄浚罡代表北海参加了广西青少年围棋锦标赛季广西围棋万人大赛总决赛，获得6岁组个人第6名的优异成绩。2017年、2018年，黄浚罡再次代表北海，连续参加了两届广西青少年围棋锦标赛季广西围棋万人大赛总决赛，分别获得7岁B组个人第二名，8岁C组个人第二名。

每一次参加区里的围棋大赛，认真准备的黄浚罡赛前总是信心满满的，一落子却仿佛每一步都能被对手看穿。连续3年，黄浚罡都只因微小的差距与冠军失之交臂，心里难免有点沮丧。赢不了棋，是因为自己没有别人更努力。在家人宽慰和激励中，黄浚罡也下定决心：“爸爸，下一次我一定要拿那个大的奖杯！”

于是，放学回家，黄浚罡就自己做题，每天两页练习题，网上做视频对练，跟着职业棋手摆棋谱、记定式，为了学棋，牺牲了暑假跟周末。暑假的第一天就开始练习围棋，早上起来第一件事就是对着电脑下围棋，节假日每天有2小时至4个小时的课程，课后回来爸爸陪练……别的小朋友都在玩的时候，黄浚罡不是在练棋，就是在学棋的路上，一坚持就是好几年。“为学棋家里电视两年多没交费。”黄炳权告诉记者。

即便没能如愿夺冠，但黄炳权坦言，这也是黄浚罡不断前进的动力，遗憾反而激发黄浚罡的斗志，让他越挫越勇，第二年继续努力。“作为业余爱好，不要求成绩，只要他不放弃不气馁，敢去比赛就行，作为父母也挺欣慰的。”黄炳权告诉笔者，围棋赛事分两种，一个是年龄组，一个是段位组，段位组比赛选手年龄差距很大，黄浚罡能越挫越勇，做到不气馁、不怯场，还能赢棋，这就是他学围棋的收获：锻炼了意志力，提升了抗挫折能力。

随着学业的加重，黄浚罡继续学棋也意味着要比之前付出更多。也正因为如此，以前幼儿园与黄浚罡一起报名学棋的10多个小伙伴，都陆续退出了围棋的学习。令黄炳权欣慰的是，只有黄浚罡一个人坚持下来了。

勤奋换来了回报。2019年8月25日，2019年广西青少年围棋锦标赛暨广西青少年围棋万人赛总决赛在南宁收官，全区14个地市优秀小棋手们同台竞技。9岁围棋小将黄浚罡在比赛中连克劲敌，5轮4胜，在众多参赛棋手中脱颖而出，以4段C组第7名的成绩成功晋升5段，成为北海市在全区围棋段位赛中升入5段的年龄最小的选手。“这次晋级成功，也算是对得起孩子的付出了。”黄炳权感慨道。

要取得好成绩，个人的悟性是一部分，还需要投入大量的时间和精力。随着学业压力的增大，黄浚罡也将面临着学习和学棋孰轻孰重的选择。对此，黄炳权坦言，黄浚罡如今已经是三年级的小学生，相比幼儿园时期，学业的压力确实变大，目前，不会选择走职业棋手的道路。因此，他也希望黄浚罡把一部分精力转移到学习上。

不过，在黄炳权看来，围棋是中华传统文化中的瑰宝，融合艺术、易理、谋略于一体的一项智力运动，即便不走职业化道路，学棋也使黄浚罡受益一生。

“学围棋受益最大的就是专注能力和思维判断能力的培养。”在陪练中成为半个行家的黄炳权感悟颇深：随着段位的增加，对弈的时间就越长，这对孩子专注力的要求就越高。在围棋对弈中，孩子需要在脑中生成一个棋谱，对整盘棋的形势做出判断评估，行棋前每走一步还得考虑对手如何下，尤其棋盘复杂的时候，更是需要通过反复的争夺、权衡、计算来定胜负，对思维判断力是一种严格的考验和锻炼，这对黄浚罡个人成长很有帮助。

黄炳权表示：黄浚罡喜欢下围棋，希望他能够继续发展自己的这个兴趣。“如果要拿业余6段，就需要参加全国性的比赛并拿下名次，这个挑战可以说是非常大的了。”黄炳权说道。不过黄浚罡还是对围棋充满了希望，并表示如果有机会参加全国性的比赛，自己也会去试试看。当然，黄浚罡也表示，以前的成绩只代表过去，以后还会更加努力，力争下一盘棋做到更好。

# 李柏霖：兴趣是最好的老师

罗　表

李柏霖，2019年北海市少儿围棋千人大赛一段组第一名。

从不给玩游戏就撒泼的“小哭包”，到围棋培训班上“小棋迷”，只差3堂围棋课的时间；从零基础围棋“门外汉”到围棋对弈的“小赢家”，只用甚至不到一年的时间……从2018年10月开始学习围棋，到2019年11月成功晋级业余2段，短短的一年时间，李柏霖多次荣获市级、省级冠军。在旁人看来，李柏霖的学棋生涯似乎有些“速成”，但用孩子爸爸的话来说，兴趣便是李柏霖最好的老师。

“躺在地上哭闹，扒在栏杆上不肯去上围棋课的，估计就只有李柏霖这么一个了。”谈起李柏霖初学围棋的经历，爸爸李彬笑道。而爸爸口中“爱哭的皮孩子”的形象与初见笔者时彬彬有礼问好的李柏霖相去甚远。对于笔者的诧异，柏霖爸爸坦言，这得益于这一年来学围棋的变化。“当初是我逼他去学的，不过幸好坚持了。”李彬说。

说起李柏霖学习围棋的缘由，是因为有个对围棋感兴趣的家长。李柏霖的爸爸李彬说，20世纪80年代中期，中日两国围棋对抗，聂卫平以一敌三，在中国棋坛掀起热潮。而自己便是当时围棋热潮中的一员，不过后来工作、生活等各种原因，也久不摸棋了。

李彬说，自己喜欢下围棋，但并没有想过自己教孩子下围棋。2018年10月，一次机缘巧合偶遇老棋友，谈及近年来北海的围棋氛围很好，再忆起20世纪80年代的围棋热潮，考虑到儿子小小年纪，就沉迷电视、游戏，就想没收了游戏机，把孩子送到围棋培训班，转移孩子的兴趣，也让他体验一下围棋的魅力。于是，2018年10月，5岁多的李柏霖开始学棋。

接触围棋几节课下来，李柏霖很快对围棋产生了浓厚的兴趣。

“围棋本身就是一种游戏，孩子喜欢玩游戏是天性。”李彬说道。在接触围棋之后，不能看电视、不能玩游戏的李柏霖果然很快就喜欢上了围棋，并在学棋过程中开发智力、培养性情。

“那时老师怎么教他，他回来就怎么教妈妈，天天晚上拉着妈妈下棋，一下便是12点，不知疲倦。”2018年11月，学棋不到一个月的李柏霖，已俨然一个“小棋迷”了。

因为兴趣使然，不断练习对弈的李柏霖棋力不断增进，开始在围棋赛场上崭露头角。

2018年12月，由市旅游文体局主办的2018年北海市少儿围棋千人大赛在北海职业学院举行，共17个组别1400多名选手参赛。当时，学棋两个月的李柏霖参赛并取得不错成绩，从18级（最低25级别）晋级到15级。

2019年7月29日，由北海市旅游文体局主办，北海市围棋协会、北海市象棋协会承办的“广西围棋希望工程杯”2019年北海市少儿千人围棋大赛、2019年北海市少年儿童象棋定级赛在北海市实验学校举行。李柏霖参赛并一举拿下4级组的冠军。

夺冠后的李柏霖又于2019年8月21日参加了在南宁举行的2019年广西青少年围棋锦标赛暨广西青少年围棋万人赛总决赛，一路过关斩将，获得第5名，成功晋级1级。

2019年11月9日至10日，2019年北海市少儿围棋千人大赛在市第二实验学校举行，1200多名16岁以下小棋手参赛。比赛中，李柏霖镇定自若，展现小将风采，荣获1段组第一名的好成绩。

因为多次荣获市级、省级冠军，今年11月16日，学棋一年的李柏霖，成功晋级业余2段。在旁人看来，李柏霖的学棋生涯似乎有些“速成”，但用孩子爸爸的话来说，兴趣便是李柏霖最好的老师。

“别的小朋友可能两三天下一盘棋，因为感兴趣，李柏霖只要有时间都在下棋，一天能下十几盘棋。”李彬告诉记者，学棋这一年内，在没有人督促的情况下，李柏霖课后网上对弈，下了2300多盘棋。

而除了完成作业和网上对弈外，李柏霖还常常参加成年人对局，自己家马路边，有个上年纪的围棋爱好者，每天摆上围棋供路人娱乐，李柏霖不管白天黑夜，完成作业后就跑去抢对局。“有次打到天都黑了，也不见回家吃饭，还以为孩子不见了，出门一找，还在棋盘边上跟人对局。”李彬说。家人也都知道了，去棋盘那找李柏霖，一找一个准。

“都快成擂主了，目前东海街已经找不到对手了，我也快不是对手了。”李彬言语里透着骄傲。他告诉记者，学棋以来，李柏霖棋力突飞猛进，自己也甘拜下风，而且辅助下棋，还不时遭李柏霖“纠错”。

除了棋力见长，李彬还直言，学棋一年以来，李柏霖变化很大，收获很大。懂棋礼便是其一，见师长、对手行鞠躬礼的这一棋礼成了李柏霖的日常习惯，这让李彬很欣喜。李彬认为，如今围棋已成为国际性的文化体育竞技活动，但围棋自古便是中国传统文化的精髓所在，“琴棋书画”中的棋就是指围棋，是中国古代塑造人品的必修科目。围棋世界的小小黑子白子不仅让孩子学习到一门技法，更融合了竞技、科技、艺术和哲理，对开发智力、通晓礼仪、培养意志品质和思想修养均有很大帮助。李柏霖学棋的收获，也是李彬当初让李柏霖学习围棋的初衷。

“学习围棋后，李柏霖有一个优点，就是跟任何人下棋都不怯场，无论是老棋手还是棋力比他高的选手，都能镇定自若，沉着应对，遇强则强，越挫越勇。”李彬告诉记者，围棋棋盘上只有361个点，却拥有上亿种变化可能。每一步着棋都要经过大量的计算和判断，提前想好后面的诸多步骤，这极大锻炼了弈者的专注力和逻辑思维能力。围棋的“大局观”让李柏霖能够静下心来，专注去做事情。比赛时，李柏霖更是有着同龄人少见的沉着稳重。李彬相信，长期坚持学习围棋后，“逻辑性”会让李柏霖在未来的学习上更加得心应手。

对于下一步升段计划，李彬坦言，以后李柏霖的学业会逐渐加重，希望孩子能在小学阶段早日完成冲段，将围棋作为业余爱好，不断地探索与学习，无论输赢，一笑而过，享受对弈过程中围棋的魅力，在纵横交错的黑白世界中感悟围棋蕴涵的美。

“北海作为围棋之乡，近年来的围棋氛围越来越好，越来越多的父母愿意让孩子接触围棋、学习围棋。”李彬希望，李柏霖能利用北海围棋之乡良好的围棋环境，将这份对围棋的热爱坚持下来，一直伴随其成长并从中受益一生。

# 罗俊浩：围棋改变了一个调皮孩子的人生

袁燕淑

罗俊浩，2018年第一届全国青少年智力运动大会省市代表队U9组冠军，2019年“华南城杯”广西青少年围棋锦标赛5段组亚军，小学男子组冠军。

如今的罗俊浩，让人很难想象，他曾经一分钟都坐不住。幼儿园老师在讲台上正讲着课，其他同学都聚精会神地听着，他一溜烟就带着小伙伴窜出门玩去了。

跟当年相比，这个10岁的孩子现在多了同龄人少见的成熟和沉稳。个中原因，与围棋有着密不可分的关系。也因为在围棋上的天分，罗俊浩的人生，多了一段别的孩子少有的特殊经历。

罗俊浩与围棋结下不解之缘，始于2013年。那一年，他才4岁。

“你为什么去学围棋?”“因为当时妈妈想让我安静下来。”这回答固然让人忍俊不禁，却是实情。彼时，读幼儿园的罗俊浩特别调皮好动。有一回，幼儿园老师给妈妈“告状”，说罗俊浩上课时竟然带着同学跑出去玩了，这让妈妈既尴尬又头疼，简直哭笑不得。

该拿这“皮猴”怎么办才好？暑期时，一番思量，妈妈便把罗俊浩带到了北海希望之星围棋学校，打算让他试试学下围棋。她希望下围棋能让罗俊浩安静下来，逐渐养成专心致志的好习惯。

这么调皮的小孩真能坐得下来吗？神奇的是，罗俊浩真的爱上了围棋，也似乎因为围棋而变了一个人。

“老师讲课很生动，班上的气氛也十分活跃，再加上表扬，慢慢他就喜欢上围棋了。”老师当然并非单纯为鼓励而鼓励，让爸妈都意料不到的是，罗俊浩似乎天生就是下围棋的料，他学得非常快，别人学一两年的水平，罗俊浩只要一两个月就可以达到。

除了黑就是白的棋子在罗俊浩眼里到底有什么魔力？他用同龄人少有的严肃神情思考了一下，回答道：“把别人吃掉就感觉很开心。”尽管看起来较从前成熟，但他胜利的喜悦依旧带着这个年纪孩子本有的天真。

围棋课上，这个“皮猴”不仅坐住了，而且听得聚精会神，津津有味，“老师说黑棋和白棋就相当于在打仗一样，打仗时可以把别人吃掉，也可以把别人包围住……”

课上老师说的内容，罗俊浩觉得特别有意思。打小，他就爱看战争片，听着老师绘声绘色的讲述，罗俊浩感觉眼前的棋盘仿佛活了起来，好像电视剧里播放的画面一样，一个个黑白棋子，就是一名名士兵排着队形在冲锋陷阵。烽火连天的无声战场上，罗俊浩自己似乎也成了其中的一员。

沉浸在这样的情境中，一堂围棋课到底感觉有多久？其实罗俊浩也不知道，“反正老师怎么说我也不觉得累”。他只知道，围棋自此成了生活中必不可少的一部分。

接下来的故事，就仿佛是罗俊浩在电脑游戏里开了挂。2014年8月，罗俊浩参加“晋家人凉茶杯”2014年广西青少年围棋锦标赛，获得5岁组冠军；2016年8月，他参加广西青少年围棋锦标赛，成功晋升业余5段。

仅用短短的两年时间，罗俊浩便实现了从业余1段（5岁）到业余5段（7岁）的晋级，这在全国棋童以及业余学棋者当中都不多见，在北海更属凤毛麟角。

平时喜欢当领头羊的罗俊浩，此时更像是领着一队听话的士兵在与各路高手对决，他小手一挥，士兵们便指哪打哪，还屡战屡胜。随着段位越来越高，要赢，也变得越来越困难。但不管什么样的对手，罗俊浩都不畏惧，他身上有股初生牛犊不怕虎的劲儿。妈妈说，他平时经常在网上下网棋，一旦优势比对方领先得多，就乐得蹦蹦跳跳。

“他活泼的个性其实没变，只是比学棋前更能沉得住气了。一盘棋一个多小时，我们大人都坐不住，他真的比以前幼儿园时期改变了不少。”妈妈一开始让罗俊浩学棋，只是培养兴趣爱好，没想到慢慢发现，儿子在这方面比一般的小棋手要有优势。

较之不太懂棋的妈妈，爸爸是有着聂卫平时代的浓厚围棋情结的，儿子的优秀让他考虑得更多，希望能为俊浩提供更广阔的发展空间。他先是带罗俊浩到聂卫平围棋道场举办的夏令营，后来了解到杭州有一家中国棋院杭州分院，是针对一定棋艺水平的学生进行棋类专业训练的公办全日制寄宿学校后，爸爸更是动了心思。

2017年5月，罗俊浩参加了中国棋院杭州分院组织的全国棋手选拔赛，经过与全国130多名小棋手连续3天11轮比赛的激烈PK，他成功收到了该校围棋读训班的录取通知书。

通知书收到后，夫妻俩有过思想斗争。孩子还小，父母必须得陪着，这意味着要抛弃北海的一切，去人生地不熟的杭州重新开始。最终，为了孩子的未来，为了让罗俊浩在围棋这条路上走得更远，夫妻俩还是作出了去杭州这个并不容易的决定。

2017年9月起，罗俊浩和同样通过选拔，来自全国各地的其他30多个12岁以下小棋手一块儿，开始在中国棋院杭州分院围棋读训班学棋，通过棋院老师系统专业的指导，面棋、网棋、参加比赛，一步步提高棋力。

这段日子非常艰苦，每天上午，他到学校学文化课；下午1点半就回到棋院，一直反复对决、复盘和讲解滚动进行到晚上8点，此时回到住处还得再下一盘棋，上床都已是10点后，几乎没有空闲的时间，更别提跟同龄的孩子一样看电视、玩游戏了，“掐着点掐着秒表，每天都是在说快快快，都没睡过一个好觉。”爸爸说道。

高强度的学习之下，罗俊浩获得2018年第一届全国青少年智力运动大会省市代表队U9组冠军，2019年“华南城杯”广西青少年围棋锦标赛5段组亚军、小学男子组冠军等荣誉。优异的成绩背后，是他自己艰辛的努力和父母无私的付出。

上了高年级后，由于文化课的学业较重，加上爸爸的身体不佳，目前，全家人作出了先回北海的决定。经过两年的磨砺，父母觉得，孩子的德智体美劳全面发展，比成功来得更重要，“我们初衷也是给他启智，没想到他能走得比较远，就想说扶着他往前走。只是现在考虑更多的是，怎么才是更利于他成长的”。

回来后，一家人感觉北海的围棋事业跟两年前比，有了更大的飞跃，“已经形成了产业化，而且推广上非常给力，组织了很多比赛，还请了不少高手过来指导”。为了追赶文化课的进度，罗俊浩的时间依然排得很紧凑，但好在围棋的学习让逻辑思维能力出色的他在数学上得以顺利迎头赶上，其他的课程也并不吃力。

目前，职业棋手已放开了年龄限制。当问及将来如果学习跟上了还想继续下围棋吗？罗俊浩不假思索地回答：“想！”承受过这么大的压力，他为什么还愿意坚持？“因为在围棋中我收获很多。”罗俊浩说，围棋教会他做事要有大局观念，特别是这两年高强度的学习，更是磨炼了心性，提高了他的抗压能力，“不能因为一次失败就丢下，总结这次的失败经验，才会有下一次的成功”。

但一脸严肃地说完，他又忍不住说：“有时候也会重蹈覆辙，我自己也很懊恼。”语毕，这个男孩笑了，带着10岁孩子的稚气和一路走来的沉淀。相信他的人生经由围棋的熏陶必将更加丰盛，奏成一曲华彩乐章。

# 周鑫彤：围棋塑造孩子的性格

覃时依

周鑫彤，2012年北海市首届全民健身运动会暨第二十届职工运动会比赛围棋混合双人赛第一名。

“别人家的孩子”，用这称谓来形容周鑫彤，似乎再合适不过了。

她有一双充满灵气的大眼睛和自带笑意的弯弯嘴角，说话的时候，瞳孔里满溢光芒。自小看遍祖国大好河山的她聪慧而直爽，有一股不服输的劲头，不光成绩在学校名列前茅，作为学霸，其人缘和号召力也是杠杠的。

如果真要探究这个“别人家的孩子”的成功秘诀，围棋，可能是其中最让人信服的理由之一。

不服输的“狼性”小棋手“自5岁开始学棋，哭过，笑过，绝望过，也憧憬过，每当要放弃时，总有一个声音响起，‘如果这是一盘棋局，你会半途而废吗？’”

这是周鑫彤五年级时一篇作文中透露的心声。窥一斑而知全豹，自幼学棋对其产生的影响不言而喻。母亲说，周鑫彤的棋风有一种“狼性”，她是进攻型的选手，这在其作文中也展露无遗——“墨守成规，在围棋中永远是一条行不通的死胡同，有勇无谋，只会导致实空与子力俱伤的后果。只有有勇有谋，在优势时稳扎稳打，行棋厚实稳重，不给敌人留一点弱点，在劣势时凶猛如虎，挑起战斗，把全局的形势绞成一团，才有机会扭转局势，进入敌人的地盘进行破坏，甚至是把敌人一举歼灭。”

在周鑫彤刚开始学棋时，其“狼性”便已现端倪。

接触围棋，源于母亲认为围棋能开发孩子的智力。对幼时的周鑫彤而言，围棋既有趣又神秘，“一开始学我还不太懂技巧，就觉得下着下着就能把别人吃掉，有输有赢的感觉很快乐”。她享受竞争的过程，在她看来，能够超越自己、超越别人，便是一种乐趣。

当时，幼儿园里举办的围棋比赛要前10名才能上台领奖。第一次比赛，周鑫彤只拿了第11名。回家后，她便跟父亲经常念叨：“假如我再努力点，就可以上台了。”没过几个月，她就得了第一名。

母亲说，这都是因为周鑫彤不服输。那时候，班上学棋的几乎没有女孩，不少小男生就挑衅她，说她不行。“别人都觉得女生天生学不好围棋，我想证明我能行。”女孩的脸上，写满了带着青涩的倔强。

为了满足女儿渴望胜利的心愿，爸爸每天陪着她一起下棋，不断练习。母亲眼见着女儿每天都在进步，“一个一个赢的都是男生”。而在那时的北海，能从启蒙班升到初级班还继续坚持在围棋这条路上走的女生，少之又少。

周鑫彤用努力证明了自己。一次，在北海止泊园小区举行了一场千人围棋大赛。作为初学者，周鑫彤报了最小年龄组。尽管比赛的时候小女孩还发着高烧，“但是让我很高兴的是，在那次比赛中，我赢了一个我人生中第一次比赛时曾输过的那个男生”。她的付出没有白费，轻轻松松便拿到了该组冠军。

“在一盘棋中，如果你处于劣势，那么请不要颓废，睁大你的双眼，捕捉时机；开动你的脑筋，创造机会；鼓动你的信心，力争上游。只要你在这条路上不顾艰难险阻，不懈奋斗、拼搏、追求，也许在山穷水尽的绝境中也会柳暗花明，在冰天雪地的严寒中也会迎来温暖的春风。”

学棋的路并非一帆风顺。周鑫彤的瓶颈，也是学棋者公认的瓶颈——由4段升5段，围棋学校大部分的“元老”都是卡在4段就上不去了，“要上5段，感觉水平和运气都很重要”。对这个好胜的女孩而言，5段，是她自学棋起便矗立在心中的高塔。明明已经那么接近，却始终求而不得，这在很大程度上打击了周鑫彤的自信心。

女孩曾用骄傲掩饰自己的挫败感，“可能是因为自己下了那么久，感觉没什么新意，也就没了动力，加上每次比赛成绩都那样，有点学不下去了吧”。然而对外界的搪塞，并不能成功欺骗她的内心，她深知其实归根结底，是没能够突破自己。

那段时间放学以后，周鑫彤就在弈城平台上下网棋，和来自中日韩的学棋者不断PK，积累实战经验。“上初中之前，她有一半的时间都会花在围棋上。”母亲拿出了厚厚一摞的练习题，而这还是周鑫彤做过的死活题中的其中一小部分。

除此之外，家里还有很多《定式大全》《布局大全》等书籍，周鑫彤表示，“肯定要选几个自己比较熟悉的来操练，因为每个人下棋的棋风不一样，习惯用的战术也会不一样，要多练习应用，才能在比赛的时候下出自己的实力。”小小年纪的她，话语中充满了大将之风。

“在人的一生中，也只有像这样，能屈能伸，该沉默时像一颗无名的种子，默默地储蓄能量，等到有一天，阳光明媚，雨水充沛，就使尽浑身力量，破土而出，与清新的空气、蔚蓝的天空道：你好！”正如她的作文中所描述的那样，不断储蓄能量的女孩，如愿迎来了厚积薄发的一刻，顺利抵达了其心中的高塔——成为一名五段棋手。

围棋是良师兼益友。“别人家的孩子”必然来自一个成功的“别人家”。在周鑫彤家里，母亲总是不失时机地鼓励孩子：“我都很佩服她，我们鑫彤学习很自觉，她只要学东西，都会尽自己最大的努力。她的作文写得不错，得过一两次自治区的一等奖。”父亲也在女儿成长过程中付出良多，据悉，除了陪女儿学棋，他还带着她从小走遍祖国大好河山，青海、西藏，再远都走过，为的是在旅行中磨砺女儿的意志，增长她的见识。

女孩无疑是生活在一个幸福的家庭。然而光靠父母的鼓励陪伴还不够，能赢，除了靠努力付出，也与这个女孩的天赋有关。这点，周鑫彤自己也知道，她自信一笑，说道：“我对下围棋比较有感觉。”

这个长着一双慧黠大眼睛的女孩，性格有几分像男生，母亲爆料，鑫彤跟男女生的关系都挺好，且颇有领导力，“而且她这个人不作，像她爸，讲话很幽默，说的话有时候能把你笑喷”。

周鑫彤自己却说，围棋在她的性格塑造方面起了很大的作用，“给我整个人注入了一种新的活力”。除了提高意志力，通过一盘一盘不间断的围棋比赛，她学会了平常心，学会了怎么调整自己的心态，以及以临危不乱的态度面对挑战，才能实现不断超越。“这些对我后来的学习和生活都有很大帮助。在引领我成长方面，它是一个很好的老师。”娓娓道来间，女孩的眼中流淌着盈盈笑意，因为对其而言，围棋既是良师，亦是益友，“它给我的成长增添了很多乐趣，留下了很多美好的回忆”。胜败乃兵家常事，有胜利就难免有失败，尽管一度的挫败感让她短暂地“讨厌”过围棋，“但是它本身的魅力不是一时的冲动能够掩盖的，所以我从来没有真正地放弃过它”。

地利人和之外，母亲还充满感恩地表示，他们是碰到了北海围棋发展最好的时机，“搭上了幸福列车”。这些年来，北海围棋事业如火如荼地开展，周鑫彤也欣喜地发现，身边学棋的孩子越来越多，她仿佛在他们身上看到了自己的影子，“我相信，围棋一定可以给他们的童年生活增添很灿烂的一笔”。周鑫彤十分肯定地说道。

# 第五章
# 北海棋缘趣事

## 我与两个“围棋之乡”的缘分

陈为朋

20年前，《北海日报》举办了一个全国报纸副刊工作会议，阮直作为东道主，同时也是我们的专栏作者，忙前忙后，给了我们很多的照顾。

我还记得会后大家到北海涠洲岛采风，船行海上，鱼跃鹰飞，海风习习，要两个多小时行程，我这个围棋迷棋瘾发作，在这景美心情更美的状态下，能对弈一局岂不快哉？于是我就拎着围棋口袋四处找人下棋，还好终于找到一位招商局的同志说可以试试。棋牌就在甲板上铺开，我就地坐下，弯着腰，低着头，眼里只有一张塑料棋盘上的黑与白。船到岸，不分胜负，我心中暗暗惊叹，北海地方不大，围棋还真有高手，就算是在青岛、在山东新闻界我小有一席之地，没想到在北海偶然玩玩，就遭遇高手。船到码头，只好收棋了，站起来时突然天旋地转。我是从不晕船的，晕得是那盘纠缠了一路的棋局，还有一路错过的海天风光。

20年后，我还在下围棋，还办围棋学校。今年4月，从媒体上知道，北海被中国围棋协会授予“全国围棋之乡”称号，是广西首个拥有该荣誉的城市，这让我这个老棋迷一下子兴奋起来。北海成为围棋之乡，我也只是在北海对弈过一位棋手嘛。

北海市市长蔡锦军这样说："城围联2019赛季总决赛系列活动能在北海举办，并且作为2019北海南珠节暨国际珍珠展系列旅游文体活动之一，会为北海增光添彩。"

青岛也是全国的"围棋之乡"。2016年的全国"围棋之乡"联赛，分为四个赛区，最后各个赛区的前两名共8支队伍会聚西安总决赛。那一年，以我们俱乐部为主力队员的青岛队，获得了年度总冠军。

现在，这个大家庭里又多了一个新成员：北海。

2020年，在这个以围棋为名的全国赛事上，两座美丽的海滨城市会不会相逢一笑遇知己呢？

海天一色，云轻如翼，风过衣袖，心随帆动，听木石之声，观黑白之舞，论纹枰之道，得造化之美……

这是我想象出来的一个场景。它是一个思接万物的场景，也是一个"弈"动万物的场景。

"弈"，围棋的别名，它既是名词，也是动词。还可以说，弈，道也。

2019年"城围联"总决赛在北海举行。它的口号就是"城围联，弈起来"。

40年前，我还是一个文学青年。那个时候，"文学青年"是一个不能被鄙视的称号。那个时候，文学还被我当作一个梦想在实现着呢。

也就在那个时候，我十二分不幸地被这个"木野狐"所惑，走上了一条"不归之路"。

那个时候，我已经是市级机关里的一名干部了，当时不叫公务员。不知是哪个也喜欢上了"木野狐"的家伙，应该还是个有点权力的家伙，竟然搞了一个全市机关的围棋赛，我十二分不幸地得了个亚军。这就一发不可收，把这个"游戏"当成了"比职业还职业"的工作，买围棋书，借围棋书，找同伙赌棋，找高手学艺，只差没上峨眉山寻仙问道修炼九阳神功了。

后来下段位赛，竟然定了个1段，还交了照片得了一个证书。我把这个证书与我的作家协会会员的证书放在一起。这么多年过去，我得到的各种资格证书、荣誉证书，数量到不了三位数也差不多。前几天翻抽屉，发现留到现在的只有这两本了。

1992年，《青岛晚报》创刊，我成了一名副刊编辑。那时，山东省有个一年一届的新闻界围棋赛，我第一次参加竟然得了第8名。一块重量有6千克的压缩木棋盘被我得到了。这个比赛又下了好几届，我得了两个亚军，就是差一个第一名。

竞技场上，得第二比得第三更让人觉得悲催。就像人生，最让人难以释怀的是，眼看就要到嘴的肉，突然被一只狗叼走了。我们通常把这样的狗叫做“差那么一丢丢”。科学的称呼应该叫“不确定性”。据研究哲学的人说，“不确定性”是宇宙的根本法则之一。就像职业围棋手说的那样，鬼才知道下一手会发生什么狗血剧情，他们把这种现象叫“打勺”。

后来，这个比赛停办了，直到2013年才恢复。恢复后的第二届我下了个第三名，升了个5段，那年我60岁。用我的一位棋友的话说，以前叫业余棋手，升了5段就叫业余高手了。

我的一生，混迹于文学、新闻和围棋这三个行当。用现在的流行语是三个“圈”里。相比较而言，我更喜欢围棋这个“圈”。

因为在这个“圈”里，可以说自己是个高手。因为在棋盘上，谁是高手是用棋子说话的。不像写作这件事，那些牛哄哄的作家啦、诗人啦、记者啦，你是一点招都没有。围棋就简单得很，何谓高手？高手会这么说话，“服不服？不服，先放两个子在棋盘上，一盘一千块！”

很多时候，不用一千，一百就够了。

这个世上，没有一样东西不是公说婆说，阎王难断；只有钱，像秤砣，从不开口，只论轻重。

升上5段，一年不在朋友圈发言的我，竟禁不住虚荣心的蛊惑，破天荒地“嘚瑟”了一回。结果是收获了100个赞和33条文字的祝贺，外加三次用啤酒浇灌的欢喜宴。

从此，成了高手。一个理直气壮地承认着的高手。被这个“野狐”魅惑了30余年，这是不是算个交代？

今天写下这篇短文，就是要和阮直告白一下，如今我还爱着围棋，和金钱和名利的记忆都没了，可和围棋的记忆却没有褪色。如今两座沿海开放城市都成了围棋之乡，我就渴望着有机会我们两个城市的作家、记者也能组团，我们或者在黄海之滨，或是在北部湾畔来一次“以棋会友”。我相信，只要我们以围棋的名义召唤，任何愿景都可实现。

# 学棋记

香　奴

自古以来，世人多期望子女成龙成凤，我也不能免俗，养大儿子驼驼的时候没有经验，学艺心切的我们很像“有病乱投医”的患者，驼驼每天的课余时间被我们排满了钢琴课、乒乓球课、跆拳道课、口才演讲课。钢琴课止于一曲《送别》，乒乓球止于教练硬要他打右手攻球（驼驼左撇子），跆拳道止于那套白衣黑腰带，口才演讲止于大学毕业典礼的主持工作，几乎算作学艺无果，样样学得一丝皮毛，样样不得精通。所以对小儿子二勺，我采取了不刻意为之，随他兴趣而行。

而小孩子的兴趣也是不断变化，三两岁喜欢画画，四五岁喜欢星空科幻，而最近二勺喜欢上了围棋。原因是好伙伴王宇翔家里有一副围棋，周末他们写完作业就可以杀一盘，但每次都是二勺草草收兵，落荒而逃。他就嚷着要买一副围棋，他要学围棋。

其实，家里一直有一套围棋，二勺很小的时候别人当作玩具送的，一怕他吞了棋子二怕他弄残了棋盘，所以一直收在整理箱里。那日整理旧物拿出来，二勺兴奋无比，还埋怨我把这些棋藏起来，不然他在王宇翔家就不会输得那么惨，我一看这情形马上喜出望外，要是能用“围棋”引领他走出对手机的迷恋，也算一件大好事，就顺势一说：要是喜欢围棋，不如学精了，省得王宇翔嫌你的棋艺稀松，赢得没劲，下棋，最过瘾的是棋逢对手。二勺的战斗力立刻被我激将出来，于是拍板周末就去学围棋！

我对围棋的了解仅限于研究古诗词的时候，诗人对“琴棋书画”之“棋”的不吝赞美，古人总结围棋有九品，现代人亦有“围棋三境”之说，喜欢上古典诗歌以后才明白，曾经打过的名谱就如一首首精彩的诗章，或浅显如话，或幽深博大，但都意境开阔且回味无穷，有如太白“两岸猿声啼不住，轻舟已过万重山”般的飘逸，也有子美“五更鼓角声悲壮，三峡星河影动摇”般的雄浑沉郁，亦有稼轩“马作的卢飞快，弓如霹雳弦惊”之激烈。原来棋艺与诗艺之间有某种契合融通的地方，但是我所了解的“棋”好像暂时还不能引导二勺这10岁的孩子在棋艺上更进一步。“寻师”迫在眉睫，这时候正逢北海的阮直老师返乡，早听闻北海市是世界著名的“围棋之乡”，寻师的事情委托给一向热情助人的阮直老师再合适不过了！阮直老师当天就把黄老师的名片微信分享给我，据说，黄老师的老师是聂卫平，聂卫平这名字让二勺顶礼膜拜，所以与北海的黄老师隔屏学习围棋，一丝不苟，心领神会，短时间内，棋艺大涨。可能每个领域都会有英雄人物存在，比如聂卫平，那是中日围棋擂台赛如火如荼之际，聂卫平在擂台赛中取得的11连胜伟业震撼了每一位中华儿女，同时也拉动了一大批围棋爱好者，爱好者的队伍里也包括了现在的二勺同学。

原想小孩子兴趣来时未免会三分钟热度，半途而废，却没想到二勺这次真真是学进去了，每天检查完作业，自己就对着棋盘上横纵十九条线用小手指指点点，复习黄老师的指导教程，这里是“星位”，那里是“天元”，他恨不得把棋盘上361个点都储存到脑子里，嘴里还念念有词：

枷吃方法真奇妙，
利用打吃做准备，
离开敌子做个套，
全把敌子封里面，
一旦枷住跑不掉。

得知北海是一座美丽的海滨城市，二勺说，放寒假第一件事，就是去美丽的北海，围棋之乡，看望他的围棋老师，天南地北一盘棋，此生此世师生缘。

时过半月二勺跟王宇翔同学的对弈局面已经变成了王宇翔每天都要跑过来下一盘，有的时候到了休息时间一盘棋还在如醉如痴、物我两忘的境界，那就存在那里，第二天继续。

学棋数月，这两个孩子无论性格还是言谈举止都发生了巨大的变化，原来的二勺脾气急爱发火，遇到难题马上绕弯不解决。等老师公布答案，围棋老师说，棋品如人品，不急不躁一身静气才能赢得从容，输得坦荡；遇到棘手境地大敌压前，不能躲避，而是要开动脑筋，迎刃而解，否则一溃千里，一路败兵。王宇翔刚来找二勺叫阵的时候非常骄傲，总觉得自己棋高一筹经常因为掉以轻心出了大差错，围棋老师就提醒他："一招错棋，满盘皆输"，经过多次历练，他也变得谦虚谨慎，彬彬有礼，孩子们学习围棋渐入佳境，我也跟着喜欢上了围棋。

其实围棋还是哲学和相学的综合载体，比如三个黑子，因为落点不同，就分别有2、3、4气，所谓气，即棋子周围空白交叉点的个数；气越多，生命力越强，对周围的影响力（威力）越大。这跟人的气场很相似，举棋不定犹豫不决的人首先就是缺乏自信，缺乏自信的落点必然会有措手不及的境遇和更多出错的概率。一次失败的布局就让人大伤元气，所谓的气场就已经没有了底气，反之，神情自若举一反三之人必定是主动果断占据最佳落点，几颗棋子摆布下来就会形成自己不乱的阵脚，自此行云流水一路凯歌。

人生如棋，最关键的往往只有几步，有时你的选择不同，也就是棋子在棋盘上由于其排列和所处位置的不同，其气数也不同，对周围的影响力也不同，这就是为什么有的人事事如意一帆风顺，而有的人一步一坎一波三折，其实就是重要节点布局的差异造成的天壤之别。

当然和孩子们探讨这些围棋对弈中体现出的哲学问题可能为时过早，就让他们沉浸在"闲敲棋子落灯花"这样简单的快乐和修养中就已足够。

围棋，短时间内并不能给孩子带来多么惹人注目的成就感，不像一首动听的歌立刻抓住人的听觉，也不像一段曼妙的舞蹈让人眼神流连，但是围棋博大精深的对弈文化，必然潜移默化深入人的内心，日积月累的修为必将把这几千年的文化精髓根植于孩子们的骨骼和血脉，可能正是因此，我才放弃了给孩子安排五花八门的才艺课，而让他潜心把这受益终生的围棋课学好。

与其通篇背诵五经四书，不如你执黑我执白来一场斗智斗勇的对弈。人生处处是对弈，赢得精彩、输得磊落，都是大境界。

# 我和女儿玩围棋

刘 灿

女儿从小好动，常常就是人来疯的那种，唯有两样东西能让她真正安静下来，一是看书，二是下围棋。在北海学围棋是有优势的，全国性的比赛、城市之间的围棋比赛、自治区内的比赛、全市分年龄段的比赛，常年都有。加之我也喜欢围棋，就经常带她去"观棋不语""感受氛围"。

书就不用说了，为了营造读书的环境，我几乎在家里的每一个角落都放上了书。我的理念是，只要能找到桌子坐的地方，都能顺手拿上书，拿上笔。所触之处皆为书，有书之处皆能坐，能坐之处皆有笔，这样才会真正有读书的氛围；当然围棋的书也买了不少，图文版的、故事版的，有我上学时候保存下来的，也有现在新买的，都一一摆上架子。所以女儿在家，安静的时候居多，有时候安静在角落里，有时候躲在阳台上，安静地看书或者玩着围棋，你都感觉不到她的存在。

我一直跟女儿说，围棋是用来"玩"的，会玩才有乐趣。

我不是围棋高手。我也是从中学开始喜欢的，甚至可以说是被逼的。那时候的一个室友兼同桌特别喜欢下棋，一下课就找人下，甚至上课经常分神研究棋谱。我印象最深的是，他手上有一本《若干胜负师》，应该是日本赵治勋九段的围棋杰作，从不离手，这书都已经翻得成古董了。我那时候不会下围棋，他就一定要教我，周末找不到人的时候，硬是让我陪一下他，结果一陪就是几小时。我哪会什么路子、什么布局，只会吃和乱下，想着陪你玩玩就好。他倒好，下一步提醒我一下，说一下，有时还会冒出一句："好棋。"我都莫名其妙。可以说我并没有真正学围棋，而是听围棋、玩围棋。有时候陪她上书店，也是找围棋的书籍居多。就这样，我是被逼着略懂了围棋，几年陪下来，可以“玩玩”了。

刚开始和女儿玩并不是真正的下围棋，而是在棋盘上摆直线和接龙。我家里有三种棋盘，一种是带磁铁的，一种是木制的，一种是纸张的。刚开始玩的时候，用的就是有磁性的棋盘，棋子一放上去，就稳稳当当，也不会因为有小动作就会乱。可以平着下，也可以立在墙上竖着下，关键是女儿也觉得很有趣。在这上面接龙可以接出很多很多图案、字体、数字，这一玩法正适合她这个年龄段，女儿甚至可以在数字上玩一个上午都不肯下来。后来图案摆多摆熟了，我有意识地拿一些围棋布局图让她对着摆，看她能不能照猫画虎没有错漏地摆好。

女儿表现出极大的兴趣和模仿能力，摆的图案几乎没有错漏的，甚至是哪一点哪一线都能够对应。各种残局图，各种名局图，她一摆就能安静下来好几个小时，连我都很佩服她。她告诉我：“爸爸，这个真的很好玩。”

有时候，我们也会拿围棋当五子棋下。五子棋锻炼一个人的前后左右全方位同一棋子摆一直线的能力，这样也很吸引她。刚开始还在乎谁赢谁输，到后来，一局一局下去，都不知下了多少局，直到妈妈叫吃饭了，我们才知道已经下了两个小时了。

我们也拿围棋子做过很多游戏，比如算数，左右手各执一子猜黑白，还比如像弹玻璃球一样把棋子弹到一个固定画好的圈圈里，看谁弹得准、弹进去多。当然，时不时也会回到真正的棋盘上做眼，看谁做得好，做得妙。《红楼梦》里有过赶围棋玩耍的，是一种家庭内部小游戏。我想，这正符合我的心思，不管怎么下棋，符合自己玩的心态，就是一种有趣味的人生。

因为玩棋的关系，我有意无意地教会了她很多古诗词。读古诗的时候，都是特别多挑一些关于下棋方面的给她读，所以女儿学会的第一首古诗便是赵师秀的《约客》：黄梅时节家家雨，青草池塘处处蛙。有约不来过夜半，闲敲棋子落灯花。家家雨，处处蛙，女儿很容易理解和接触到，但那时家里已经没有煤油灯了，为了让她体会“落灯花”的感觉，我还特意买了一个带灯笼的灯，可以点蜡烛在上面的，某一个下着雨的晚上，我们不开灯，只是点着蜡烛，让灯笼摇曳，父女盘腿在床上玩着五子棋或者拍着围棋图谱，回想起来，也是人生一段美好回忆。

还有“山僧对棋坐，局上竹阴清。映竹无人见，时闻下子声。”以及神话故事烂柯石“仙界一日内，人间千载穷。双棋未遍局，万物皆为空。樵客返归路，斧柯烂从风。唯余石桥在，犹自凌丹虹。”都是女儿很喜欢的。这些古诗在日常的下棋和玩乐中，令我们体会了不一样的乐趣，这些意象会有意无意地在她脑海里翻印。我们去黄山旅游，在山上，森森云间一棵松树下，女儿一直很安静地在那沉思了很久，然后回过头很天真地问我：“爸爸，你说仙人是不是在这里下过棋？”我诧异了一下，然后也很认真地回答：“是的，要不要在这和爸爸下一局？”那时候我们还真的在下面玩了几局，不过不是真正下棋，我们拿棋子摆松树图案！

我们也会在山道上学着樵夫唱歌：“闲观缥缈白云飞，独坐茅庵掩竹扉。无事训儿开卷读，有时对客把棋围。”这也是一种快乐。

也是因为围棋，女儿喜欢上了金庸的武侠小说。我记得其中有很多围棋高手。有一天晚上，睡前我给她讲故事，她非得让我讲关于围棋的故事。我就把《天龙八部》里无崖子花了整整三年时间自创珍珑棋局，并命弟子苏星河当擂主，30年过去了，世间多少黑白高手都破解不了的局，结果被不会下棋的虚竹子误打乱下，置之死地而后生的手段，而且是闭着眼睛破解这一棋局的故事讲给她听。她听得津津有味，第二天，竟然非得让我找电影电视给她看。就这样她看完了《天龙八部》，后来她知道作者金庸也是个棋迷，刚好家里有整套武侠小说。她利用寒暑假一口气几乎读完了。现在还反过来考我，知不知道金大侠小说里有几位围棋高手。

很长一段时间，只要到书店，她都念念不忘让我找围棋书，看看有没有留存的珍珑棋局。本来以为这个要告一段落，结果那天我们又看了一部电影，关于清朝围棋国手施襄夏和范西屏的。那个当湖十局的精彩令女儿念念不忘，看完电影，还凭着记忆摆了半天棋子，也缠着我在网上搜索了很多关于两位大国手的资料和故事。

现在女儿读的书多了，渐渐地积累了学识，也跟着老师受过系统教育，她自己慢慢学会了下围棋。但是我们在一起仍然是在玩棋。现在新的玩法是，周末在一起，玩玩接龙，摆摆棋谱。然后聊一聊关于围棋的故事。

我说我佩服谢安，那么大的场面，战争都烧到家门口了还那么镇定地下着棋。自己和侄子下着棋，让自个将军去游玩，胸有成竹不把外界当一回事，这种风度和笃定是围棋的大境界！

我还钦佩关羽，刮骨疗伤时就是镇定自若地看着棋谱摆着棋子，眉头都没有皱一下。这是何等的气魄！

女儿说她喜欢吉备真备，为了赢棋与鬼魂联手与唐朝围棋高手一决高下，最后把一颗黑棋子吞进肚子里的故事。也喜欢那个为了赢下大国手范西屏的扬州盐商胡照麟，花了两天两夜往返于请教高手途中下好每一步的棋局。

这是我和女儿周末最开心的棋局！北海20年，我最大的快乐就是和女儿玩棋。下着围棋，玩着围棋，品读着围棋故事、古诗词。“苍狗白云惊世变，青山无语笑人忙”“别后竹窗风雪夜，一灯明暗覆吴图”。或许人生如棋，莫过于当下珍惜。黑白无常，莫过于当下开心！这才是真正属于我们的要下好的、要玩好的棋局吧！

# 人生一盘棋

廖　陆

少年时，我曾经极度迷恋围棋，起因是弟弟到省城求学，寒假归来，居然随身带回一副围棋！黑白玻璃棋子晶莹剔透，时髦前卫，撞击声嗒嗒作响，清脆悦耳，一下子吸引了我。

围棋又称云子，是中华民族贡献给人类的文化瑰宝，361个点位空间自成，天地一统。那时节，世界围棋热渐兴。旅日华裔“棋圣”吴清源被誉五十步内天下无敌手，以十番棋横扫日韩棋坛，令国人叹服。中、日、韩三国围棋争霸如火如荼，先是中韩联手对日，后到中日联手“抗”韩，烽烟四起，战火纷飞。遗憾的是，在如日中天的“石佛”李昌镐、“硬石头”李世石和“老虎”依田纪基及“宇宙流”武宫正树等超一流棋手面前，被寄予厚望的国手们“内战内行，外战外行”，经常铩羽而归，大败亏输。无论是三星杯、富士通杯、LG杯、丰田杯、东洋证券杯，还是阿含桐山杯、农心拉面杯或者应氏杯、春兰杯……耀眼的冠军奖杯和丰厚的赛事奖金总是被日韩棋手轮流收入囊中，让我等吃瓜菜鸟好不郁闷。

初学围棋，我最喜欢模仿“定式”打谱，孜孜不倦地体验黑白攻伐之术。有时，为了一局棋谱而废寝忘食，寝食难安；有时，为了买到一副心仪的棋子而节衣缩食，坐卧不宁。在不断的征战中，我慢慢体会到，围棋对弈竟然隐喻着宇宙有生于无的规律，世间种种对立统一关系，都能在黑白相争中找到隐形对应。老子说：“天下万物生于有，有生于无。”“道生一，一生二，二生三，三生万物。”“易有太极，是生两仪，两仪生四象，四象生八卦。”宇宙纷繁复杂，其奥妙根本不在于创世者如何挖空心思复杂设计，而是通过简单的规则，经由空间与数量产生一切、包容一切。围棋从13路演变到17路再到19路棋格，由简至繁地揭示了宇宙简繁相济的发展过程。古人对围棋有过这样的描述：“唐僧一行曾算棋局都数，凡若干局尽之。予尝思之，此固易耳，但数多，非世间名数可能言之……尽三百六十一路，大约连书万字五十二，即是局之大数……”（宋代沈括《梦溪笔谈》）可见棋局变幻无穷，简直可以用恒河沙数来形容。

彼时，由陈祖德带领中国棋手集体研究首创的“中国流”大行其道。后又发展出“高中国流”“迷你中国流”等布局，皆大受欢迎。“中国流”汲取中国传统文化要义，不以一时一地蝇头小利而心动，甚至连“立二拆三”“立三拆四”等“定式”都不屑一顾，认为效率偏低，太小家子气。开局讲究高举高打，大开大合，落子之间注重取势扩张。这样下棋，气势十足，威风八面，酣畅淋漓。可惜，擂台赛上最后取胜者反而多是讲究“阴”招，锱铢必较、蛮不讲理的日韩棋手，真是怪哉。

我痴迷围棋多年，受限于个人心胸格局和天赋才情，技艺一般，可是性喜四处挑战，上手就要搏杀，对擅长屠龙取胜，绰号“天煞星”的日本名誉王座加藤正夫等人特别崇拜。奈何缺少高人指导，纵然红着眼睛挑灯熬夜打过无数名局棋谱，在民间围棋“江湖”上注定一胜难求，屠龙云云更是一厢情愿痴心妄想，反而常常被对手虐得体无完肤颜面无存，这与我成年后的人生境遇何其相似！

好长的一段时间，我仗着青春好放肆，屡败屡战，痴心不改，甚至出差途中、火车座上，遇到投缘的棋手，天大的事情都放下不管，当场就要手谈一局……每到一地，我除了逛书店，还要想方设法购置一副围棋留念。直到今天，尚自珍藏着几副云南大理石棋子，闲暇无事，把玩摩挲，堪称快哉！

围而不死，寸土必争。围棋让人欲罢不能的地方在于，棋枰双方意念碰撞，拒敌于方寸之间，点、刺、尖、挂、扳、长、飞、托、虎、提，打入、跳出、渡过、紧气、寻劫、征子……黑白棋子攻守缠斗，相生相克，有先发制人，有后发制胜，蕴涵着人际和谐和天人交战的深刻意义。

随着年岁增长，转瞬已到知天命之年，我渐渐从凡事争勇斗狠中抽身而退，再不复动辄大动肝火矣，这未尝不是围棋给予我的启示！

人生一盘棋，扑朔又迷离。烂柯山故事是劝人不要玩物丧志？还是说山中几日，世上已数年，感叹岁月如流时光易逝？大千世界虚虚实实，对对错错，莫衷一是。对于弈者个体来说，锻炼全局视野，潜移默化，更好地理解人生际遇，不求场场制胜，只求修身养性，则善莫大焉。

华罗庚曾说，观棋不语真君子。不语，乃袖手旁观等着看笑话。真心语之，诚意正之，实乃君子之风也。

在跌跌撞撞的人生路上，谁都盼望着有人随时能给予自己善意提醒，可是，人生如棋，落子无悔，生命短暂，时光悠悠，有多少事，还能从头再来?!

# 我们一家三口的围棋之路

蒋兴富

说到围棋，不得不说它与我们家的缘分之深。我热衷，妻子钟爱，儿子喜欢。我们一家三口对围棋的热爱，可谓步调高度一致。不开玩笑地说，我们三口之家完全可以举办一场小型围棋赛了。两人对弈，一人裁判，实行轮流式，不亦乐乎。

围棋，融抒发意境、陶冶情操、修身养性、生慧增智于一身，伴随着儒、释、道思想和其他文化艺术，融贯于绵绵几千年的中华文化发展历史中，它走过了一个漫长的过程。由盛至衰、由衰至盛的艺术生命演绎中，彰显着中华民族对文明和智慧的不懈追求。20世纪80年代末，由一代棋圣聂卫平创造的传奇，在神州大地掀起了一波围棋浪潮。正是在这种背景下，我接触到围棋。

那是我在部队的时候，作为一名军人，在紧张的军事训练之余，也没有多少像样的业余活动，特别是周末，多数情况下都是几个战友一块玩起了"拖拉机"。偶然的一个周末，一位有着围棋功底的战友走过来，神秘兮兮地拿出两个圆圆的盒子，用略带自豪又显自信的话语对在场的战友们说："来，别总是玩老一套的了，教你们玩样新东西，保证大家乐此不疲。"他打开棋盒，看着盒子里那一黑一白的圆石子，大家面面相觑，一脸茫然。一周后，所有的战友继续着他们"驾驭拖拉机"的乐趣，而我却被这黑白世界的奥秘深深地吸引了。自此，在这黑白棋子之间，我开始了一段马拉松似的快乐幸福的探索。

服役期满后，我回乡走上了新的工作岗位。不变的是在那黑白之间游走的喜乐。在这期间，我结识了一位新朋友，巧的是，这位也是个黑白迷。新的单位、新的同事、新的人生，但是，工作之余，我依然十分热衷围棋这项魅力无穷的游戏。有幸这时遇到一位棋友，我们两个常常废寝忘食地在这黑白之间杀个天昏地暗。一段时间后，我们两个“井底之蛙”自我感觉良好起来，竟然认为，在全市应该是没有我们的对手了。于是一度抱着傲视北海围棋界的态度，到处寻找可以挑战的围棋对手。

这样美滋滋的围棋日子过了一年多，直到有一天，经朋友指点，找到当时北海唯一的一处棋迷聚集处，那兴奋的程度像饥饿的雄狮看到猎物出现一般，跃跃欲试。可是，几个回合下来，一败涂地的境况就不用说了，尤其是那份心境可谓五味杂陈。

在围棋场上，经历了一个又一个的惨败之后，自己原先那种横扫一切的傲劲，发生了一百八十度的转变，渐渐地蜕去原有的锐气，面对黑白世界也没了当初的那番狂热。天可怜人，在这期间，让我遇上了缪执中、杨显平等一些当时业余围棋界中的前辈高手。同他们以棋为缘，以棋结友。在他们不厌其烦的教导下，我在围棋的黑白世界中，无论是对围棋的认知和心态，还是围棋技艺的进步，都有了质的蜕变。从此重新找回了对围棋的深爱、自信和不懈追求。经过不断发奋努力，我参加第一届泛北部湾围棋联赛和第一届北海市弈海清风杯个人赛，分别夺得甲级队第11名和第6名的好成绩。

2004年，也就是遇上我妻子的次年，还在热恋当中的我俩，每次相聚之时，她屡屡发现，我的话题很多避不开围棋的黑白世界。有一次，她终于忍不住地问：“是我重要还是围棋重要？”我当时不假思索地脱口而出，“都重要！”当时，她只能一笑了之，显得有些不爽，但又无可奈何的样子。不过我们的爱情继续前行着，后来我发现，她对于我的有关围棋的事情，有了微妙的变化：由起初的对围棋漠不关心，到和围棋“争爱”，从对围棋一窍不通，到产生了极大兴趣。殊不知，最后在我日复一日的感染之下，有一天，她竟然跟我说：“我把工作辞了，你介绍我去棋院工作吧。”当时我激动得都不敢相信自己的耳朵了。一番努力之后，她真的走上了围棋教学之路。现在，十几年过去了，她从一个初出茅庐的无名之辈，逐渐成长为小有名气的围棋教学者，并且先后参加了泛北部湾运动会和广西体育运动会，分别获得女子个人第6名和第4名的好成绩。

近朱者赤，近墨者黑，这话一点不假。我和妻子沉湎于围棋的世界里，在我们的家庭生活中，必然会洋溢着围棋的浓郁氛围。随着儿子的逐渐长大，在他5岁那年，竟然也嚷着要去学围棋。一颗小小的心灵也要去那黑白世界中追逐了。还真别说，这小子还不愧是块闯黑白世界的料。在他学习围棋后不久，就已经在同龄的孩子当中没了对手。他第一次参加围棋比赛，就夺得了北海市少儿围棋千人赛18级组的冠军，次年又夺了定段组的亚军，顺利升了1段。之后，这小子渐渐产生了自满情绪，在对弈当中总是心不在焉，在升上2段后，竟然又对象棋产生了兴趣。在这种情况下，他的围棋水平每况愈下，我看在眼里，急在心中，但还是一如既往带他参加各种围棋活动。渐渐的，在诸多围棋理念的灌输下，他又慢慢找回了当初的兴趣，在去年的广西少儿围棋升段赛上还升了3段。今年，在全市中小学生联赛中，他未能进入校队，我问他有何感想，他回答说："不能入选校队，证明学校的能人很多，我得向他们学习，首先争取入选。"这就是学了围棋以后，一个小学生的学习态度、生活态度、人生态度。

我想，在围棋黑白世界中游走，它给予我们的不只是一份乐趣，更多的是给予我们生活、工作、人生和命运的启发。作为热爱围棋的三口之家，我们愿北海的围棋事业更加蓬勃。

# 邂逅围棋

紫　娟

北海的孩子喜欢上围棋，就像北海的孩子会游泳一样，都不是难事，我与围棋结缘，源于我的女儿。

“黄梅时节家家雨，青草池塘处处蛙。有约不来过夜半，闲敲棋子落灯花。”这是宋代赵秀师的诗《约客》，因其意境清新而家喻户晓。我很早就知道这首诗，但是属于只知其一，不知其二的那种。后来，我才知道这是一首写围棋的诗，这要感谢我的二女儿小宝。

小宝4岁时，别提多么天真又可爱了。她既是我们的开心果，给一家人带来许多快乐，又是我们的“小棉袄”，给我们全家带来难得的希望和温暖。看着她像春天的幼苗一样一天天长大，转眼就要上幼儿园中班了。这时候与小宝差不多大的小朋友们的妈妈，都在运筹帷幄给孩子学点什么，理念就是不能让孩子输在起跑线上。于是，应该让小宝学点什么的问题，也纳入我家的议事日程。

小宝适合学什么呢？像姐姐一样学舞蹈吧？

她说：“不要。”

“那学主持吧？”她说：“不要。”

“那学书法？”她还是把头摇得像拨浪鼓似的。她说：“我什么都不想学，我就想吃喝玩乐！”

“吃喝玩乐？”不会吧，这么大点的小孩会这样回复我。先是惊讶，之后是无奈。

好吧，这么小先随她吧！

时间一天天过去，孩子也在慢慢长大。有一天放学回家，她说："妈，今天在学校我学围棋了，好好玩，我喜欢学围棋。"围棋，对我而言是既熟悉又陌生。熟悉的是，我只知道它是中国传统文化琴棋书画中的棋，仅此而已，但对于它有怎样的内涵，孩子学习它有何益处却是一片茫然。我以前一点不了解这个棋艺，想想自己小时候只知道五子棋，够可怜的。既然孩子喜欢学，那就报名参加围棋班学习吧。下棋、遛鸟、喝茶、聊天，不就是闲暇时的玩嘛，孩子喜欢那就去玩玩吧。说心里话，虽然报名参加了围棋班，但我的心里还是有些隐隐的不甘。玩，这不是耽误时间吗？是不是不如学点文化知识什么的？

孩子上课的时候，我陪读，也听了几节课。不听不知道，一听不得了，原来围棋竟然是中国古代四大艺术琴棋书画之一。它的历史源远流长。围棋艺术千变万化，具有经久不衰的魅力，这是它传播几千年至今依然让人们喜欢的原因。围棋又是一门科学，它能够最大限度地开发智力，启迪思想，锻炼头脑，陶冶情操。围棋是中国的优秀传统文化，每一朝代都涌现出许多才华盖世的围棋高手，传播着许多动人的围棋史话。这是我国古代劳动人民聪慧的结晶。

真是茅塞顿开，醍醐灌顶。从此我开始不断地鼓励小宝坚持学好围棋，只要时间允许，我也去做编外旁听生，和孩子一起沉浸在黑白两子的围棋世界里。有时孩子觉得疲倦不想学了，我就一边鼓励她，一边做出榜样，与她同学习、同探讨、同进步。

在这期间，我还翻阅了大量有关围棋知识和围棋文化思想的文章，可谓获益匪浅。其中令我感触最深的是围棋与东方智慧。围棋是一种游戏，而这种游戏在某种意义上说又是人生的阐释。如果把人生比作一个永不停息的博弈过程，它告诉你如何选择合适的策略达到你认为合意的结果，如何最大限度地利用游戏规则。从游戏中学习生活：怎样与人相处，怎样竞争，怎样适应规则获得人生的最大利益。当我们把眼光投向棋盘之外，又发现，围棋之道又是人生之道、东方智慧之道，它与现代企业管理也有着许多的暗合之处。

一人走一手，轮流下子，先行者贴目，它遵循的是公平原则。两眼活棋，棋以气生，气尽棋亡，作为一种生命法则，它体现了中国传统的以气为本的生命观。空多为胜，一切战术皆围绕吃子与围空来展开，人多为胜，正是原始时代生存法则的体现。

我还懂得，对话性决定了围棋是讲求平等竞争的一种智力游戏，在某种意义上体现出一种现代精神。对话，也使围棋具有一种宽容性。一盘棋终，常常呈现你中有我，我中有你，和平共处的态势。和而不同，正是中国文化精神的体现，也是现代社会在人与人、民族与民族的相处中需要提倡的。尤其是围棋中体现的那种冲突中的和谐氛围，让人感悟颇多。真正的对手既是敌人，又是朋友。真正的棋局，也是双方在不断的冲突中最终走向和谐的。

正像正大集团副董事长蔡绪锋先生在《东方CEO》中所说："真正的胜利，是达到工作目标，而不是战胜对方，不为争赢而取胜，这是看不见的哲学。"

无为而胜，这是老子哲学的精髓，也是棋道与东方智慧的体现。21世纪，如何调适人与人、民族与民族、国家与国家之间的关系，如何建构和谐社会，实现人的身心之和、社会之和、世界之和，也许围棋可以给我们提供许多启示。

围棋天下，人生如此，生命如此，命运如此，教育孩子亦然如此。

围棋，一黑一白，存在于自然之中，其所蕴涵的经久不衰的生命力，就在于顺其自然。好一个"顺其自然"。有的时候，教育孩子就是要顺其自然，不能太强求，不能让孩子学她们不喜欢、不感兴趣的东西，那样会适得其反，也许有一天她自己发现了她喜欢的东西，这样产生的兴趣会更浓厚，学习也会更长久。就像我们与围棋的邂逅，就在一瞬间遇见了它，结识了它，并成为好朋友，不离不弃……

围棋，对孩子的数学逻辑培养有很大帮助，对孩子语言能力的开发也是功不可没，还可以增强孩子的想象力和创造力，对提升人际关系的能力也大有益处。

小宝不时会问我："妈妈，围棋比赛，我得不了奖牌怎么办？"我对她说："我们爱围棋不是为了得奖杯，我们以习棋为乐，就是最大的奖励！"

"莫将绝艺向人夸，新势斜飞一角差。局罢儿童闲数子，不知胜负落谁家？"感谢围棋，感谢与围棋的邂逅，谢谢围棋的厚爱！

# 金角银边爱围棋

刘星池

“梅兰竹菊一君子，琴棋书画一雅人。”很荣幸，很幸运，在有着中国“围棋之乡”称号的北海，我与围棋结缘，这缘分，着实妙不可言。

记得小学一年级的时候，母亲带我尝试了多种兴趣班，我却都因为不感兴趣而放弃。但是母亲并未对我失去信心，带我寻找别的兴趣，于是我有机会到了北海市围棋协会，那天我印象最深的不是棋子的冰凉触感，不是棋局的变幻莫测，而是当时老师和我说：“下棋不能留长的指甲哦。”那是我第一次认识到围棋的高雅气质。从那时候到现在，11年过去了，即使是在没有与围棋接触的高三阶段，我也保持着常剪指甲的习惯。围棋教给我的，不只有棋，还有良好的生活习惯。

就这样，在父母的支持下，在老师的指引下，我进入围棋启蒙班，之后便开启了我人生旅程中非常重要的一部分——“围棋之旅”。10年前，身边学棋的同学少，学棋的女生更少。但是，就好像天生有缘，我对围棋有一种莫名的喜爱，因为别的什么事物都无法令我静下心来，只有那小小的围棋棋盘，交错的黑白“战争”，还有隐含在围棋背后的深刻含义，每一项都令我沉醉其中无法自拔。那是一场没有硝烟的模拟战争，那是一场安静的思维游戏，那更是一场尊贵的手谈，它锻炼思维，培养能力，陶冶性情。有了围棋的加持，让我在学业上也得到许多提高。围棋带给我的，不只是棋，还有良好的思维方式。

关于围棋，令我印象深刻的是北海围棋协会的林老师。我刚刚升段的时候在他的班上，那时还是在小学，听他的课行棋方法高深，但现在回想起来，他的课最重要的收获是还教给我们做人的道理，相得益彰。可惜我当时年纪尚小，似懂非懂，现在回想起来，真的是受益匪浅。正如林老师说的“棋如其人”“加厚自己才能攻击敌人”和“世界围棋实事”都非常让我开阔眼界，记忆犹新。林老师的课堂，既教我们如何下棋，还教我们如何做人。围棋带给我的，不只是棋艺，还有做人的道理。

回想结缘围棋的十余年，令我难以忘记的是在学围棋时不断地战胜对手、战胜自己后的成就感；是凭自己不懈努力、不懈拼搏后取得成绩的获得感；还有和同学共同进步，和老师学习挑战之后提升自我的幸福感。不断战胜对手，不止包含着战胜的那个瞬间，还包括勇于挑战对手和接受对手的挑战，并在不断努力之后做足准备与对手全力一拼。此过程首先要战胜自己，战胜自己的懦弱，战胜自己的胆怯，战胜自己学艺不精。记得在我四年级获得业余2段之后，进入瓶颈期。在历经一年半的6场比赛中，都因成绩欠佳无法升段。但是，我并没有因此而放弃，反而越挫越勇，总结输棋教训，并在一年半后的比赛中超常发挥，在高手如林的2段、3段合并组，一路披荆斩棘，以7轮全胜的成绩，创北海纪录，直接从2段升为4段，那个瞬间即使过去多年我依旧记忆犹新。围棋带给我的，不只是棋，更是逆境当中不放弃、不抛弃，勇于前进的坚持和毅力。

4段对于我来说，是一个新的开始，在4段这高手如云的“森林”中，每一棵树都需要拼尽全力才能保持坚韧。刚升段之后的那个比赛，我排名垫底，心情一度跌落谷底。林老师也发现了我的情绪，多次语重心长地鼓励我，努力在围棋这座高峰往上走，登山都是海拔越高，就会越险峻越困难，这时，唯有坚持，方能突破瓶颈，勇登高峰。听了林老师的话之后，我豁然开朗，积极面对比赛、面对输赢，我不再害怕输给对手，因为围棋比赛最重要的就是战胜自我。围棋，让我在战胜自我的同时，也让我认识了很多优秀的棋手，他们同时也是很优秀的同学，很优秀的朋友。围棋带给我的，不只是棋，还有众多的良师益友。

很遗憾，进入高中之后，学习渐渐占据了我所有的时间，没能再继续攀登围棋这座高山，但我并没有在登山途中半途而废。高考之后，我迫不及待地重新拾起围棋，在暑假的2个月里，在围棋学校老师们的谆谆教导下，在自己的不懈努力下，拿到省级的最高段位业余5段。虽然取得了5段，但我不会因此而停滞。我知道，我与围棋，围棋与我，才刚刚开始。

围棋，这两个字代表着悠久的中国历史，博大的中国文化。围棋带给我的，不仅仅局限于那小小的黑白棋盘，更是面对生活、面对人生的智慧，这些会一直流淌在我的血液中。我永远以结缘围棋为幸！

# 事业围棋缘

张 琛

读小学的时候老师总让我们定自己未来的志向，那个时候想做什么还是很懵懂的，读到初三，面临选择，我报考了幼师，后来不知道为什么家里给我安排念了合浦卫校专业西医。毕业以后有很多机会可以从医，没有把握好机会，从事证券报单员和酒店文员。

2004年5月开始经常陪亲戚的小孩去文化宫学习围棋，是方灿老师（北海棋王）和林长志老师（引领北海围棋事业发展的元老）共同举办的棋社，50多平方米，2个房间、1张大棋盘、4张桌子和配套椅子，没有过多的装饰，简单干净，已经经营8年有余，有20多名水平不一的学生。平时有很多棋友去那里下彩棋，每天热闹非凡，从那个时候起我便与围棋结缘啦，初时对围棋充满了新鲜感，看不懂，感觉好深奥。

2004年6月，几位热爱围棋的人士经过多次协商，想为北海培养更多围棋爱好者以及提高当地孩子素质，决定成立“北海市少儿围棋培训中心”，大家推举林如海为校长，而我光荣地当上了一名不懂围棋的老师，从不懂到懂，自己一边看围棋书一边看棋友下棋，在方灿老师和林长志老师的指导下，慢慢地从对围棋懵懵懂懂到热爱围棋。

2005年2月到主管部门北海市旅游文体局申请成立“北海市少儿围棋培训中心”（2015年10月15日更名为“北海市希望之星围棋培训中心”），得到批复，我的业余围棋生涯开始了。

因为北海家长对学习围棋给小孩带来什么益处不了解，2年间生源只有80人左右。后来从文化宫搬迁到贵州路科技局二楼，通过每年搞一届“中小学幼儿园团体赛”和每年2届“少儿围棋定段定级赛”，增加了本地人对围棋的认知度，不断有外地家长带动本地家长送子女学习围棋并传播学围棋的好处，他们的宣传给了我们很大的鼓舞，得到海城区教育局认可并支持，在第一所小学（北海市实验学校）和第一所幼儿园（北海市银海区机关幼儿园）开展围棋普及教育。我义不容辞给学生上了我人生中第一堂围棋课。上课前备好讲稿，演练了很多遍，上课时感觉很紧张，小朋友们很热情，心惊胆战上完了一堂自我感觉经验不足的围棋课。

在林校长的指导下，每上一堂课都作自我总结，慢慢地积累经验。每上一个班第一、第二节课学习围棋礼仪，让孩子慢慢养成良好的习惯，上课内容丰富、有趣，课后和小朋友们聊天谈心，慢慢让小孩喜欢上我的课、喜欢我。经过无数次课堂实战锻炼，感觉自己变得更加自信了。

在林如海校长的领导下，老师们拧成一股绳不懈努力，从开始创业30多名学生发展至今约1600人，分了一个棋院、五个教学点。随着棋院的发展壮大，我自身也快速成长，收获颇丰，祝愿我们的围棋事业兴旺发达。

# 小振学棋

黄　宪

黄振深学围棋，完全是误打误撞。那时候小振才6岁，受同事的影响，就试着送他去北海围棋学校学了两天，没想到一发不可收，从此踏上了学棋之路。

小振的学棋心路，概括起来经过了好奇、热情、抗拒、沉淀的过程。刚开始学棋，在启蒙老师潘老师的指导下，小振对围棋的热爱到了痴迷的程度，每天一有空就拉着爸爸陪练，还热情地教爸爸学棋，当起了老师。大人没空陪，他也能自己自言自语地左手对弈右手，多长时间也不腻，对围棋的兴趣，达空前的高度。如此热情下，学棋才8个月，第一次参加市里的比赛，就意外得了7岁组第一名，升上了1段。成功的喜悦给了他最大的鼓励，接下来的各种市、区的比赛中，小振过五关斩六将，顺利升了2段、3段直至4段。

也许一切都太过顺利，也许升段过程中没有太大挫折，在4段升5段时，小振尝到了失败的滋味。在4段的一次比赛中，小振只赢了两盘，输得一败涂地。这次比赛没能上领奖台，回家的路上，小振第一次因为围棋哭鼻子，还发脾气说不想学了。回到家后，小振颓废了一段日子，自信心受到打击，对围棋失去了往日的热情。

还是耐心的爸爸做了儿子的思想工作：这一次的失败算不了什么，成功不是偶然的，都是经过一次又一次失败才获得成功，如果你经历一次失败就轻言放弃，那你无论是在围棋上，还是在以后的人生道路上，都是一个失败者！赢了就别骄傲，输了就别气馁，这是一个围棋爱好者应具备的素质！

在老师和爸爸的鼓励下，小振重拾信心，再次认真投入围棋学习和实践中，理论上，大量阅读了围棋方面的书籍：《围棋定式大全》《围棋官子大全》《围棋死活妙机》《围棋玄玄棋经》《围棋棋经众妙》，每年都订阅《围棋天地》等。实践上，做死活题，在网上与各高手对弈。沉淀了一年，小振终于在二年级暑假，2018年8月的围棋比赛中，升了5段。

围棋，作为琴棋书画之一，有着悠久的历史、深厚的底蕴，它博大精深、复杂艰难、变化无穷，它让孩子学会了思考、学会了分析、学会了沉静、学会了坚强、学会了如何面对挫折。学习围棋的道路上你享受过成功的喜悦，品尝过失败的苦涩，更多的是你用泪与汗积累的那份坚持。愿围棋成为你一生的良师和益友，学习围棋，不在于你赢了几盘棋，拿了什么样的段位，而在于学棋的过程中学会独立思考，独立自主，畅游在围棋游戏中成长、独立！

# 我的围棋之路

张宸瑞

围棋，有着无穷的魅力，它常常使我欣喜若狂，又让我留下许多遗憾。简单的黑白世界，其实蕴涵着无穷无尽的奥秘。正是这种独特的魅力，促使我亲近围棋。学围棋从最初的感兴趣到遇到困难，从克服困难到真正感兴趣，和所有学棋的孩子一样，有了一次次难忘的经历。

2013年，初次接触围棋，那年我6岁，是在北海市的一所幼儿园上了一节围棋体验课后，就深深感受到围棋那无穷的魅力。开始我觉得围棋很好玩，但慢慢的，发现我与别人的差距很明显，经常是输多赢少。

转眼间，就到了我的第一次围棋比赛。当时我是专心致志下好每一盘棋，走好每一步，但由于我的实力太弱，结果不如人意，仅取得第72名，晋升九级。在之后从九级到一级的比赛中，我虽然也没有太出色的发挥，但我还是凭着当初那颗热爱围棋的心，坚持下来了，并且从九级慢慢升上了一级。

俗话说："三年不鸣，一鸣惊人。"在长久的沉寂之后，我终于迎来了积蓄已久的爆发。那年我8岁，在2015年的定段组比赛中，我一骑绝尘，过五关斩六将，以7连胜的战绩勇夺桂冠。当我站在高高的领奖台上时，望着众人羡慕的目光，我为我是一名围棋棋手而感到骄傲。

在1段升4段的过程中，我基本上没有遇到什么挫折。除了2段升3段卡了一次之外，而我又以一个2段组第3名重整旗鼓。

4段升5段，是我学棋生涯中最艰难的一个阶段。连续打了3次市赛和区赛都没能打上，当时的心情已经有些崩溃，我就像只无头苍蝇一样，不知道方向在哪里。就在这时，又到了一次区赛，我怀着试试看的心态去参加了。

当我第一盘打赢对手后，就一发不可收，连胜4盘，剑指冠军。但我有点太骄傲了，沾沾自喜，以为自己天下无敌了。于是，我后面连输两盘，第5盘对一个旗鼓相当的对手，输了还情有可原。但第6盘面对一个和自己实力差距大的对手，却因为太轻敌，而一着不慎，满盘皆输。最后一盘棋就是生死之战了，这盘棋十分激烈，双方经过几次大转换，仍然难分胜负，我冷汗直往外冒，当裁判数子后，黑187，赢了4目！我心里那千斤重的巨石终于放了下来。最后我取得第9名，晋升5段！

升上5段后，我就得了北海市5段组第2名，震惊北海棋界。转年我又获得广西5段组第5名，并且在2018至2019年连续获得3次精英组冠军，其间又获得一次北海市“我是棋王”10至11岁组冠军。

时间如同白驹过隙，转眼就过去6年了，回首当年学棋路，仿佛就在昨天。如此辉煌的成绩不是一天两天就能练成的，而是经过不断失败与不断努力，一点一点累积起来的。因此，我想对每一位在学棋路上艰苦奋斗的棋童们说：“冰冻三尺，非一日之寒；水滴石穿，非一日之功！”

# 棋　语

周鑫彤

“闲看数招烂樵柯，涧草山花一刹那。五百年来棋一局，仙家岁月也无多。”

361个交叉点，你死我活的殊死搏斗，围棋——一种看似简单的游戏，却蕴涵着太多的变化莫测。围棋千百年来的传承不知经历了多少风风雨雨，在它的身上，寄托着中华儿女坚持不懈、勇于拼搏、勇于创新的精神！

自5岁开始在北海围棋学校学棋，我哭过、笑过、绝望过，也憧憬过，每当我要放弃时，总有一个声音响起：“如果这是一盘棋局，你会半途而废吗？”是啊，在一盘棋中，如果你处于劣势，那么请不要颓废，睁大你的双眼，捕捉时机；开动你的脑筋，创造机会；鼓舞你的信心，力争上游。学习不也是如此吗？只要你在这条路上不畏艰难险阻，不懈奋斗、拼搏、追求，也许在山穷水尽的绝境中也会看到柳暗花明，在冰天雪地的严寒中也会迎来温暖的春风。

墨守成规，在围棋中永远是一条行不通的死胡同，有勇无谋，只会导致实空与子力俱伤的后果。只有有勇有谋，在优势时稳扎稳打，行棋厚实稳重，不给敌人留丝毫的可乘之机，在劣势时凶猛如虎，挑起战斗，把全局的形势绞成一团，才有机会扭转局势，进入“敌人”的地盘进行破坏，甚至是把“敌人”一举歼灭。在人的一生中，也只有像这样，能屈能伸，该沉默时像一颗无名的种子，默默地储蓄能量，待到有一天，阳光明媚，雨水充沛，就使尽浑身力量，破土而出，与清新的空气、蔚蓝的天空道“你好”！

围棋也是激烈的心理战：在赛前不能因对手弱而自有高人一等的感觉；也绝不能因对手强而万念俱灰，提早盲目地下结论。只有抱着一颗平常心去迎战你的对手，才能发挥出自己的实力。毕竟，围棋场上千变万化，局势瞬息万变，谁也不会预料到下一秒将会发生些什么。当然，在现实生活中也像这样不卑不亢，才能展现出最完美的自我！

围棋文化源远流长，博大精深，是我们中华民族的骄傲，是世界文化宝库中的一朵奇葩。我爱围棋，它陶冶了我的性情，也以最简单的方式为我展现了深奥。

# 第六章
# 北海围棋风雨彩虹30年

姚民等

## 一、“棋”心协力不平凡历程

不经意中，北海围棋协会已到了而立之年。这30年，经历了风风雨雨，走过了不平凡的历程，有奋斗喜悦，有坎坷跌宕，有欢愉离合，有春华秋实。北海市围棋协会从1991年创办初起，无论身在何处、面对何种境遇，皆以普及围棋文化为己任，致力于普及和发展围棋运动的同时，为挖掘和培养优秀小棋手而不遗余力，围棋进校园、围棋公益活动丰富多彩，有声有色。特别是“涠洲有围”项目，让离城市较远的涠洲岛的孩子们受益，体会到智力运动的无穷魅力。30年弹指一挥间，北海围棋发展已经根深叶茂，硕果累累。30年来北海围棋赛事获奖奖项难以准确统计，但围棋人数已蔚为壮观，一批覆盖北海各学校的围棋幼苗正茁壮成长，一支北海各条战线的围棋大军正在形成。

弈坛春秋，黑白记忆。30年来，历任北海市委、市政府领导对北海围棋文化发展倾注了心血，他们多次批示，关心围棋协会，关心青少年围棋普及，倡导北海围棋走出去，积极争取全国性围棋赛事在北海举办，把围棋与北海文化紧密结合，围棋与智力与海洋人文融合，持续有力地推动了北海围棋文化的强势崛起。北海围棋从弱到强，围棋事业蒸蒸日上。

30年来，北海围棋协会全体成员尽心尽职，任劳任怨，肩扛北海围棋文化大旗，一步一个脚印开拓创新。少儿围棋培养势头喜人，围棋不再是单纯的传统文化、竞技体育、休闲游戏，养德、育人、启智等潜在功能被充分挖掘出来，加大围棋普及力度，引导促进围棋普及发展，基层围棋迎来新的发展机遇，基本实现了围棋的大众化。

30年来，北海围棋薪火相传，耕耘不息。在良好的政策大环境下，围棋在北海的普及呈阶梯式发展，北海青少年围棋的整体水平得到长足进步，手谈中有喜有忧，留下许多疑问和思考。不断地理清思绪，拓宽视野，探索北海围棋发展之路，这是时代赋予北海围棋人的责任和使命。

北海围棋发展与城市文化联系在一起。作为北部湾开放地区，北海包纳万象，既可古典，也可潮流，既可传统，也可现代，太多的文化积淀让这座城市注定不平凡，每年有数不清的重大活动在这里上演，包括围棋在内的体育赛事更是常客，多元的文化包容让古老的围棋出落得越发光彩照人，让北海有了自己的围棋品牌，有了自己的棋院，有了花开各处的围棋学校，全国性围棋论坛、全国性比赛活动频频举办，一个个亮点在闪耀，北海围棋，北海文化知名度、美誉度在不断攀升，北海成为广西围棋活动的亮点，一时也成为热词。我们有信心让北海围棋走出北部湾，走向全国、走向世界，开启北海围棋下一个30年的美丽篇章。

## 二、北海围棋故事多

伴随着北海经济发展，围棋见证了北海的潮涨潮落。回忆20世纪90年代初，北海这座三面环海的城市，经济热，围棋也热，投资者趋之若鹜涌入北海，全国的围棋爱好者也汇聚北海，当时活跃在北海棋坛的围棋高手就有重庆的杨显平、四川自贡的林长志、湖南湘潭的周业、上海的王耀祖、广东的李思颖、广西桂林的缪执中、广西梧州的苏志亮等人。在众多高手中，杨显平显然成为比较特殊的一个，他在川南集团杨总裁等广大棋友的支持下，成立了“广友棋艺社”，棋社取名“广友”，含有广大棋友支持的深意，社址就在当年北海赫赫有名的千家房地产公司扎堆的屋仔村，吸引了众多围棋高手到棋社下棋，这其中就包括时任北海市人民政府副市长的蓝以舟、时任北海市规划局局长雷翔等人。本地以方灿、曾旭、王凯波、晏海涛、方海伟等人为代表，各路围棋高手与本地围棋高手手谈交流，举行棋王赛和名人赛，从成绩来看，双方具有分庭抗礼的实力。

1992年，北海皇都大酒店举办首届北海围棋棋王赛，方灿勇夺首个北海棋王赛冠军。1993年，北海中学学生曾旭横空出世，在番棋决赛中直落三局战胜方灿获得冠军，随后在1994年和1995年分别战胜了来自四川自贡的林长志和重庆的杨显平两位实力强劲的外来高手，实现“北海棋王”三连霸。1996年，来自广西桂林的缪执中战胜曾旭，成为首个非北海籍的北海棋王。1997年，卧薪尝胆多年的杨显平终于得偿所愿，挑战成功成为北海棋王。此后方灿开始连续称霸北海棋王赛，直至2002年停办。

1996年，中国围棋名人赛循环赛在中玉大酒店举办，以此为契机，成功举办了北海第一届围棋名人赛，最终，来自上海的王耀祖夺冠。1997年的第二届比赛也是最后一届名人赛，方灿夺魁，方灿因此成为唯一获得北海围棋棋王和名人两个头衔的棋手。

1998年，北海“广友棋艺社”在北海市体委和北海市围棋协会的大力支持下，开始尝试举办全国性的围棋赛事，第一届“南珠宫杯”全国业余围棋大奖赛拉开帷幕，北京、上海、广州、南京、海南、广西等各省市业余围棋高手欢聚一堂，最终孙宜国勇夺个人冠军，北京东高地代表队获得团体冠军。1999年，北海市珍珠总公司继续赞助并冠名第二届比赛；2000年，则由中国联通广西分公司赞助并冠名，为了提高影响力，比赛地点也由北海改到南宁。这段时间是北海“广友棋艺社”的鼎盛时期。随着1994年宏观经济调控，资金链的断裂让北海的房地产一落千丈，许多工程被迫下马，很多未完成的建筑成了烂尾楼，北海经济逐渐陷入萧条，北海“广友棋艺社”的经营也举步维艰，终于在2000年后停业，杨显平随后也返回了家乡。

北海大潮退去，几年的时间，经历了从沉寂到炙热，从几近疯狂到戛然冷却。超常规发展的北海留下的经济泡沫和烂尾楼需要长时间的沉淀和消化，让北海错失了黄金发展的机会。随着北海房地产的降温，北海围棋的热度昙花一现，各行各业的萧条让外地的围棋高手纷纷离去，北海的棋友们也为了各自的生计前途而奔忙起来。2000年前后，随着北海围棋名人赛（1996—1997）、北海全国业余围棋大奖赛（1998—2000）、北海围棋棋王赛（1992—2002）三大赛事的先后停办，北海的围棋比赛和交流也逐渐变得稀少起来。至此，整个北海围棋低迷，活动停滞，基层围棋进入冰河期，北海"广友棋艺社"的兴衰正是北海围棋的一个缩影。陈毅曾说过："国运兴，棋运兴"，反之亦然，一个国家如此，一座城市也是如此，一座城市的兴衰也严重影响着围棋的发展。

## 三、北海围棋进入快车道

中华人民共和国成立70周年，祖国发生翻天覆地的变化，北海面貌日新月异，呈现出蓬勃向上的发展态势，这给北海围棋事业的发展带来前所未有的机遇，开启了北海围棋事业新征程。"面朝大海·心仪北海"，打造滨海特色围棋旅游品牌，发展围棋经济，再添新活力。滨海休闲、海岛体验、海丝文化、避寒养生是围棋产业最佳胜地，北海围棋事业发展进入新时期。北海旅游与围棋事业结合起来，形成了"东西南北手谈"开放发展新格局，成功举办了多次高规格、影响大的国家级围棋赛事活动和围棋名人活动，催生了旅游与围棋文化融合新业态，展示了北海开放合作新形象。北海围棋事业发展从内向外，沿着"一带一路"东南亚国家延伸、传播了中国围棋文化、北海围棋元素，进一步提高了北海知名度、美誉度和影响力，是北海围棋发展历史上最好的阶段。

2019年4月16日，在2019年第一届南珠宫·南珠杯全国业余围棋冠军争霸赛开幕式上，时任市委常委、宣传部部长、副市长的黄江，代表北海从中国围棋协会主席林建超手里接过"全国围棋之乡"的牌匾。"全国围棋之乡"的称号就是对北海围棋30年发展成就的充分肯定，更是北海独有文化品牌的一个亮点。

中国围棋协会主席林建超接受北海广播电视台记者采访时，充分肯定了北海市委、市政府对发展围棋事业的大力支持。林建超说："由于北海在

时任北海市委常委、宣传部部长、副市长黄江从中国围棋协会主席林建超手中接过“全国围棋之乡”牌匾

围棋发展的先进性、群众性、乡土性上做得很好。‘围棋之乡’是世界上唯一的以国家行政区划为单位，授予政府支持推动围棋的功能性的荣誉。”

北海围棋30年经历了一个从小到大，荒漠变热土的历程，是与时俱进、开拓创新的30年。北海把围棋文化的种子播撒在学校教育这块丰厚的大地上，从最初北海市银海区机关幼儿园、北海实验学校开始到现在，已有2所初中、9所小学、10所公立幼儿园、9所私立幼儿园，坚持了公益推广和围棋文化建设，受到北海人民广泛认可，越来越多的父母愿意让孩子接触围棋、学习围棋，目前接受围棋普及教育的学生人数达12万余人次。每年举办的中小学、幼儿园团体赛，北海市少儿围棋定段定级赛，北海市千人围棋大赛，南珠杯全国业余围棋冠军争霸赛等，为全国各地爱好围棋文化的人们提供了交流的平台。北海坚持打造高品质赛事，把泛北部湾围棋联赛办成了传统赛事，每年一届，成为北海、广西及北部湾区域级别高、范围广的围棋品牌，扩大了影响，培养了一批棋手与爱好者及拔尖围棋人才。北海围棋的学习氛围愈加浓郁，呈现出内外和顺之境。内部环境而言，北海围棋爱好者已逾万人。互联网围棋逐渐走进千家万户，联众、TOM等对弈平台吸引了大量棋迷，每年的少儿定段赛定级赛，参与者达千人。积极策划组织围棋文化交流活动，与韩国、马来西亚、新加坡、美国等国家不断进行围棋交流活动，弘扬了中华民族围棋传统文化。北海围棋发展方向正沿着“一带一路”建设和打造“向海经济”的伟大构想，走出国门，走向东南亚，面向全世界。

北海围棋协会30年探索，30年追寻，机遇与挑战并存，成就了北海围棋人弥足珍贵的经验，也形成了一系列围棋发展的规律性认识，把北海文化的基因与中华优秀的围棋文化结合起来，独树个性风格，创造北海围棋高峰，努力让北海历史文化之城开出围棋之花。

围棋有围，智慧无疆。

# 扬帆向海推动中国围棋文化“走出去”

——“围棋之乡”再添新名片

2021年5月4日上午，中国围棋协会与广西壮族自治区北海市签订战略协议，将共建泛北部湾国际围棋文化交流中心；同时，第二届南珠杯全国业余围棋冠军争霸赛、第十一届泛北部湾围棋联赛开幕。中国围棋协会主席林建超出席仪式并致辞，北海市委书记蔡锦军宣布比赛开幕，时任市委副书记、市长廖立勇致辞。

林建超在致辞中说：“由北海市举办的泛北部湾围棋联赛已经举行了十一届，由北海市创办的南珠杯全国业余围棋冠军争霸赛举行到第二届。可以说，这两项大赛已经确立了北海在中国围棋版图上的位置和分量。一直以来，北海市委、市政府高度重视、大力支持围棋事业的发展，在此次比赛中，中国围棋协会和北海市人民政府签订了战略合作协议，主要有三项内容：第一，共同落实、打造由宣传部、国家体育总局确定的国际围棋文化交流中心建设，将在北海落地的泛北部湾国际围棋文化交流中心作为全国第一批建设的5个中心之一，北海要加快推进中心建设步伐，发挥好中心在围棋文化推广和对外交往中的作用，使交流中心成为连接、联谊、交流、比赛等等国际围棋文化活动的中枢。第二，扩大、延伸北海现有的品牌赛事，即把南珠杯扩展为世界业余围棋冠军争霸赛，泛北部湾围棋联赛也要向国际，尤其是东南亚延伸。第三，在围棋的普及推广、文化建设上，北海要继续走在前列，包括建立全国围棋师资培训试点等。”

廖立勇表示，第二届南珠杯全国业余围棋冠军争霸赛、第十一届泛北部湾围棋联赛在北海开赛，这是棋坛的一次盛会，也是北海文体旅融合发

中国围棋协会副主席兼秘书长王谊、北海市副市长欧余军分别代表双方在协议上签字

中国围棋协会主席林建超向时任北海市委常委、副市长黄江授予北海市泛北部湾国际围棋文化交流中心牌匾

中国围棋协会主席林建超向北海职业学院领导颁发全国围棋师资培训试点单位牌匾

展的一件喜事。近年来，北海全市19所幼儿园、9所小学、1所高职院校开设围棋公益课，每年有近5000人接受围棋普及教育，围棋文化氛围浓厚，围棋事业快速发展。北海要把此次赛事作为新的起点，积极向泛北部湾、东盟等“一带一路”沿线国家传播围棋文化、传承国粹精髓，以“一张图、一盘棋、一股劲”推动围棋产业创新发展，促进体育和文旅等其他产业深度融合，催生新业态新产业，为全国围棋产业发展和国际交流合作，积极贡献北海力量。

## 结尾篇

# 拥抱未来

董晓燕

围棋是中国传统文化的经典代表，拥有4000多年历史。围棋的竞技、艺术与文化家喻户晓。北海厚重的历史文化一直滋润着北海围棋文化的根脉，培育了北海人的哲学思维，也让北海人的生活更有诗意。北海拥有“全国围棋之乡”“广西第一个围棋之市”的亮丽名片。

北海得天独厚的地理环境，不仅是对弈者的宜居天堂，也是传统琴棋书画的安家之处。北海文化、旅游、生态与围棋文化，助力了北海围棋事业的繁荣，良好生态环境吸引着全国各类围棋赛事在北海举办，让北海这座城市更精彩。围棋与北海文化、与旅游、与人文、与经典、与智力、与城市开发发展实现了有机结合，已成为围棋发展的一方热土。

北海是一个创新的城市，借助围棋的历史与文化搭建了一个广阔的平台，广交全国围棋界大师、朋友，提升北海城市的文化格调。北海顶层设计、长远规划和系列举措，推动了北海市围棋运动的蓬勃发展。2019年第一届“南珠杯”全国业余围棋冠军争霸赛、泛北部湾围棋赛和东西南北围棋手谈社交流活动，使围棋赛事成为推介北海、宣传北海、传播北海的重要平台。围棋在市、县（区）围棋协会、棋院、俱乐部层层展开，“我和围棋的故事”“围棋诗歌”“围棋与北海征文活动”“北海人物”“北海棋手”“围棋世家”“企业家与围棋”“围棋名家看北海”“北海围棋赛事”遍地开花，方兴未艾，围棋成为北海全民普及和北海城市发展的一把钥匙。

北海围棋活动，在政府积极倡导下，学校、企业、家庭、个人广泛关注并参与。北海市旅游文体局传承文化，启迪智慧，弘扬围棋文化，广泛开展“围棋点亮孩子们的智慧之光”系列活动，开展“彩虹桥”公益讲堂围棋亲子活动，让身边越来越多的孩子开始学习围棋。北海围棋已经走进数十家学校，在推广围棋教育的过程中，我们发现，越是“小而美”的幼儿园，越是乐于接受围棋课程。北海围棋教育在学校星罗棋布，变成常态化课程。北海市围棋协会通过互联网学习，可以根据学生个人实际情况选读围棋层级，制订教学计划和课程安排，自己还可以通过检索数据库、专家教学系统自测自学，甚至可以在网上与最优秀的专家随时共同讨论最前沿的学术问题。

时任北海市市长蔡锦军出席第九届泛北部湾围棋联赛颁奖仪式并为获奖选手颁奖

围棋是一种商业文化现象，下围棋与企业经营有异曲同工之妙，极富借鉴价值。棋圣聂卫平曾在微博发布了“寻找商界棋王”英雄帖，引发了业界广泛关注。围棋与人生与商道相通。围棋发展，离不开企业界支持。我国目前的围棋已经有了产业化的雏形，企业投资围棋，从企业包括品牌的名声效应，到企业扩展自身发展平台，城围联的运作就是一个较好的

时任北海市副市长黄江出席第九届泛北部湾围棋联赛颁奖仪式并为获奖选手颁奖

模式。北海市委、市政府引进城市围棋联赛，作为北海市南珠节系列旅游文体活动之一，通过赛事搭台经济唱戏，产生珠联璧合的融合效果。目前，全国数百家企业参与城围联，或俱乐部、或入股、或参与品牌形象展示、或冠名出现。北海举行的2019赛季总决赛暨颁奖典礼中开展的“围棋与企业管理”论坛，吸引了百余名企业家参加。当代集团创始人、阿拉善SEE生态协会会长艾路明、中国建筑科技集团股份有限公司总裁文兵、中信置业集团有限公司董事长胡东海、台湾国硕工业科技有限公司董事长张昭焚等数十位嘉宾就企业经营中的棋理、弈道与企业文化等围棋与企业经营的关系进行解读和分享。企业界围棋爱好者不胜枚举，以围棋思维启发经营的阿里巴巴集团创始人马云、腾讯公司马化腾、小米雷军等都热爱围棋。北海围棋协会与企业界也广交朋友，共建发展平台，与北海茅台专卖店、天玺集团、广西南珠宫集团、北海中安·止泊园大酒店、黑珍珠化妆品公司、北海佳丰房地产公司等企业也建立了合作关系，双赢互动发展。其实，这些参加活动的企业家们，大都是围棋大赛的赞助商。他们支持围棋也是发自内心的，不计任何商业回报。北海在开展“棋道商道巅峰对谈”的高端论坛中，北海企业在管理上借鉴围棋思维从中获得启迪，与企业家一起探讨未来可行的双赢模式，促进北海围棋商业化运营。

北海市围棋协会会长林如海谈到围棋的未来与发展时，充满了想象力和憧憬。他说，北海围棋在2004年以前纯粹是竞技比赛、一个体育项目而已。现在，围棋文化已经成为对外宣传的一个抓手，更多的是通过围棋文化交流，展现一个城市，宣传一个国家形象，需要国内国际交流平台。未来的北海，还要上文化、上情操、上修养、上境界，从全国围棋之乡继续升华为北海围棋文化名城。林会长心驰神往，花样年华，一张围棋发展的三年蓝图徐徐展开，那就是，围棋布局不仅在北海，着眼点在广西，而且一直延伸到泛北部湾、东南亚国家，乃至世界多国。

建造一座中华文化“国粹馆”，是北海人的心愿。北海作为全国围棋之乡，需要一个大的平台交流，国粹馆不仅有围棋，还有琴棋书画，与音乐、绘画相怡为趣，其中也应有北海文化艺术精品咕哩美、碧海丝路、珍珠文化，和丝路历史经典传承，使北海孩子有去处，从小接触国粹，零距离地了解，受到熏陶，培育爱好，体验围棋在北海优美优雅的环境中对弈。

大海没有围墙，北海没有围城。北海与清华大学围棋基金会、文学院开展双向交流活动。2014年清华大学成立了“围棋文化交流与研究基金会”。清华大学的围棋活动有着悠久的历史和良好的传统，在全国高校起到了很好的带头作用，也为北海带来了资源和人才。与清华大学合作，不仅是比赛、开展围棋讲座等多种形式的围棋交流活动，更重要的是能够作为一种文化教育活动走进北海更多的大学校园，让越来越多的学生喜爱上这项运动，推动围棋这一中华传统文化国粹的蓬勃发展。

北海举办泛北部湾围棋联赛，今年已是第十一届了，南珠杯也是第二届了，已形成了围棋赛事品牌，将长期坚持下去。通过传统比赛，长期持久做下去，做成精品，与之配合的有专业团队服务，各行业加入，互相搭建平台，互利互惠。今后每年4月，将举行东西南北手谈社联谊比赛。“东南西北”，主要指广西、北京、广东、河南等来自社会各界的围棋爱好者，以大海为背景，在美丽的景色中对弈驰骋，充满活力生机。

近几年北海围棋赛事精彩纷呈，把北海推上了广西及全国的舞台，让更多的人了解北海、关注北海。近年创立的广西希望之星围棋教育联盟，由来自广西南宁、桂林、柳州、梧州等15个市、县的19家围棋办学机构组成，制定了围联中长期发展目标和近期工作任务。联盟中有100个分校，人数超过3万人。结合广西壮乡特色，繁荣民族文化，计划举办广西三月三壮乡围棋节。“广西希望之星围棋教育联盟”和“广西壮乡围棋节”结合起来，每年需要200个老师，围棋产业是新兴产业、朝阳产业，将与高等院校合作，聘任围棋专职棋手，采取线上和线下结合的培训形式。

中国围棋协会和北海市人民政府协商进行战略合作，准备共同建造“泛北部湾围棋文化国际交流中心”，这是中国面向“一带一路”沿线国家和地区，特别是向东南亚国家传播围棋文化的创举。开展围棋普及活动，构建围棋教育体系，是中华文化持续发展的重要内容，也是民族凝聚力向世界输出中国文化的重要存在。北海作为国家历史文化名城，是汉代海上丝绸之路的重要始发港之一，文化底蕴源远流长。其中心是开放包容，是文化纽带，是和平的桥梁。围棋在中国产生，流传于世界各国，特别是在东南亚国家得到传承。2019年，北海与马来西亚围棋协会签订了合作协议，每年开展互访交流。在东南亚国家推动围棋，主要派教师去，帮他们把师资力量培训做起来，一步步、一个国家一个国家去指导交流。东盟十几个国家联赛开展起来，一子一棋，一棋一局，形成合围，就是中国围棋之龙。通过围棋成为“知己”，让围棋竞技、围棋艺术、围棋文化在不同国家、不同语言、不同肤色中传承中华民族传统文化精髓，这也是围棋神奇的地方。北海不光在自身的经济、文化、社会发展的基础上使围棋有长足的发展，而且必将为中国乃至世界的围棋运动作出自己的贡献。

围棋是最具仪式感的魅力运动之一，美国人和韩国人送中国国礼要送围棋，中国人应该珍视我们自己的文化。围棋形象优雅，质地好的棋子是不折不扣的艺术品。受北海得天独厚的珍珠文化的启发，在未来围棋棋子方面也可思考有所突破。古人使用的围棋材质多用的是玛瑙、翡翠、紫瑛石等天然原料，而北海珍珠晶莹剔透浑圆天成，黑白珍珠名载史册。一颗成熟的珍珠需3至5年，如在珍珠造型上、技术含量上、重量上“修身”，不仅在围棋温润材质上是一个突破，也更具有北海文化特征，其故事更玄妙精彩。如培育北海珍珠作为围棋棋子，色泽重量手感必是十分独特的。试想围棋世界，掷飞黑白，与北海黑白珍珠相结合，多么充满诗意。参赛要有美感，不是简单竞技，北海把高度、热度做上去了，围棋形象、棋盘、棋珠、着装、环境、音乐也要一起上，一看就是一道风景，一种美感。

人工智能围棋程序“阿尔法围棋”人机大战的魅力更吸引围棋爱好者，深度学习技术研究开发，打开广阔的视野，挑战未知领域，从而引人入胜营造出独特的体验氛围。相信到了那一天，学校围棋教育更加生动有趣，最终让围棋以及社会各界人士获得全方位的极致观感和体验。

打开棋盘，黑白世界，感受围棋，运用围棋，发展围棋，让围棋传递中华文明，交流情感，让我们的人生变得更加美好。

围棋有围，文化无疆，两子对弈，深空流光，以围地多者为胜，围出银河星光，让中华围棋在世界文化中大放异彩，让北海围棋文化独放光芒。

# 后　记

董晓燕

《围棋与北海》即将付梓，禁不住借此机会说几句话。我不会下围棋，但感动于老朋友、时任市委副秘书长李才能和时任北海市旅游文体局党委书记张实的真诚与热情，难以推却，只好勉为其难接受了这一压力山大的任务。

对围棋不陌生，我周围的朋友不乏围棋高手，但真正“触电”围棋，给了我意外的惊喜与享受。

开卷有益，一段时间恶补围棋知识，不知是责任所致还是围棋自身所具有的魅力，近来对围棋悠久的历史文化产生了浓厚的兴趣，让我痴迷。

围棋起源于中国，发展到唐朝，就连民间的贩夫走卒也多有能弈棋者。围棋属琴棋书画四艺之一，是中国文化与文明的体现，既古老又年轻。如今，爱好围棋的人越来越多，从个人爱好、民间小众到全民性的技艺竞赛，越来越受到人们的喜爱。近几年北海围棋活动风起云涌，就是例证。这就注定了围棋的使命，可谓风华绝代，天赐福祉，永远定格。

围棋黑白二色，棋盘上的每一条线，每一个定式，相互叠加，一层层幻化出精彩绝伦的对弈之境，浓缩了千百年时空交错，浸润了世世代代中华民族对弈中的和谐、包容、平等、进取的人生格局与锐意风骨。围棋有围，智慧无疆，博大精深。

围棋是体育运动，又不是一般的体育运动，而是高度的脑力运动，一盘棋的艺术表现，在于它的构思严谨，变化无穷。一个围棋运动员对每一着棋都必须经过深思熟虑，考虑到局部与全局的关系。围棋透视人生的胸怀与智慧，格局大的人走一步看三步，格局小的人看一步走一步。围棋如人生，能赢的时候不一定要赢，有为别人着想的格局，不看眼前，着眼全局的价值。稍稍翻阅一下史料，便可以发现，围棋是一个多么好的知己啊，在那里，凡间红颜失色，天地间再大的悲欢也是可以忽略不计的。从古至今，中国人，尤其是知识分子阶层，就这样一代又一代领受着围棋的熏陶，在由俗变雅的文明进程中，谱写着属于自己的篇章。

围绕着天元，不断流转的黑白子，虽小，却蕴藏着无边的内涵，从来都是在子子之间或紧或缓地牵引着弈者的脚步不断前行。它所表现出的一棋一世界，一子一菩提的内在精神，足可以让每一位执棋者去丰富自己的人生。

围棋，是中华文化的瑰宝，除了作为体育项目必有的竞技性以外，其所蕴涵的文化性、交流性、陶冶性在当今这个时代越来越得到彰显，几千年不衰说明它魅力无穷。中宣部把围棋列入文化走出去的重要抓手，要让围棋走向世界，要让围棋成为新时代人民美好生活的组成部分，倡议推广围棋。现在，围棋在中国正值春天，赢来了自己的辉煌岁月。如今职业棋战百花齐放，少年高手层出不穷，中国的围棋世界冠军一个接一个，企业家雄才也不在少数，围棋为国家争得了荣誉。

2014年，习近平总书记在韩国进行国事访问时提出：围棋中包含着人生的哲学和世界战略。下好一盘棋，不仅仅是我们今天所有围棋爱好者的坚持，更是我们这个时代需要思考的人生方法论。所以今时今日，围棋文化更要找到适应新时代的发展路径，那就是扎根于城市，借力打力，既为城市的智力运动发展注入新的活力，也能推动城市经济焕发出不竭的生命力，让围棋文化薪火相传。

在这块蔚蓝色的土地上，北海人又在编织着围棋之梦神一般的境界。近几年来，北海市委、市政府大力倡导普及围棋活动，各级体育部门和社会各界日益重视，围棋活动普遍开展，从无到有，从小到大，荒漠变热土，围棋事业步入快车道，开展得热火朝天，有声有色。

北海这座城市人杰地灵，生机盎然，浪漫时尚，生态宜居，享有中国首批优秀旅游城市、国家历史文化名城的美誉，早在汉代就是中国海上丝绸之路的始发港，近代有十多个国家作为通商口岸，西部地区唯一对外开放的城市，中国东盟自由贸易区公认的“魅力之城”。2019年4月19日，北海除了“珠乡”之外，又增添了一个光荣的称谓——“全国围棋之乡”。

北海是广西至今唯一获得“全国围棋之乡”的城市，围棋运动在北海蓬勃发展，拥有深厚的群众基础，已经成为广大群众特别是青少年和儿童最喜爱的项目。近几年国内国际围棋赛事在北海举办的频次越来越高，对发展围棋事业起到很大的推动作用。北海与围棋携手，也促进了北海旅游业的发展，让更多人认识了这座美丽、生态、宜居的环海小城。

中国围棋协会主席林建超认为，北海围棋发展独具特色，全市上下都很重视，这份对围棋的热情在别的城市是非常少见的。通过比赛，展现出北海蓬勃向上的社会经济和人文风貌。北海市围棋协会会长林如海说，这几年在北海举办了不少全国性的围棋赛事，提高了北海的知名度，也让更多人关注围棋，爱上围棋，营造出更好的围棋氛围，激发了市民群众对围棋的兴趣。

国家体育总局与中国围棋协会共同组织了《围棋与名城》大型系列丛书编写工作，北海有幸入榜，《围棋与北海》是该系列丛书的重要组成部分之一。围棋蕴藏着的思想财富为人所熟知，围棋承前启后，根深叶茂，山高水长，我们有研究的必要，汇编成书，总结与展望相得益彰，既便于查考，又便于围棋文化积累。用围棋思维与智慧来丰富头脑，对推动北海社会各项事业、培养人才都有极大的推动作用。

《围棋与北海》从北海围棋发展的历史、人文教育、当前态势及未来发展等方面进行了挖掘、梳理、归纳和总结，努力做好这一项基础性工作，旨在讲好中国围棋故事，讲好北海围棋故事，反映北海围棋从幼儿、青少年抓起进而普及到成人、家庭、群众、产业、城市以及国内外交流的时空认知理念、教育理念、人生理念、成功理念和投资理念、营销理念、城市发展理念，等等，结合北海城市特点，整合好各种资源，丰富北海文化内涵，这也是《围棋与北海》编撰的理念。《围棋与北海》也是一部反映北海传统历史文化、生态环境、围棋故事、重大赛事、个人爱好、教育普及、企业管理及城市形象全景式的集锦作品。

《围棋与北海》一书至少体现出5个特点：一是北海在全社会民众中大力推广围棋活动，掀起了围棋热潮；二是组织承办了众多的国内外围棋赛事，搭建了泛北部湾区域五省二十多个市的围棋互动平台；三是坚持围棋公益推广事业，义务推广围棋国粹文化，为围棋的长远发展打下扎实基础；四是携手城市围棋联赛的新模式，宣传、推广围棋文化，增进城市交流和学术研讨，不断提高围棋整体水平；五是围棋进校园，加强对青少年和幼儿的围棋培训及熏陶，丰富了北海历史文化名城内涵，提升了城市文化品位。

《围棋与北海》的策划编写，从写作体例、选题规划、大纲内容等，多次组织全市有关部门代表开展讨论，充分听取各方建议，达成一致意见。在编写过程中，充分发动作家、围棋写手积极参与，还建立了全市各部门围棋活动素材提供通信员队伍。特别值得一提的是，时任北海市委常委、宣传部部长、副市长黄江亲自组织发动、指导，并提出高标准要求，为本书的顺利出版保驾护航。副主编、北海市作协主席刘永平，北海市围棋协会会长林如海全身心投入，缓急相济，鼎力相助。责任编辑金沙江不辞辛苦，尽心尽责。还有围棋协会和市作家协会的行家里手云集响应。在入编的作品当中，作者基本上是省级以上作协会员，不少是中国作家协会会员，其中有作家协会主席、副主席，有报刊主编、副总编、编委、编辑、记者，还有许多教师和在校学生，以及围棋爱好者及职业围棋手，他们各有千秋，分布在北海的各行各业，要么对北海历史文化研究深透，要么是围棋文化的传承人，要么是职业围棋手，都具有相当高的创作实力，可谓精英荟萃。从2019年7月至2020年5月近一年的时间，大家全力支持、齐心协力，终于完成此书的编写。《围棋与北海》是第一本原汁原味反映北海围棋文化的专著，也是带有北海历史文化地域特色的“产品”。

围棋在北海生生不息，众人拾柴火焰高，相信爱北海的每个有识之士，将会不断续写提升北海围棋文化的新篇章。

附：

# 北海围棋大事记

## 一、北海获得的围棋荣誉

2006年获得“围棋育苗工程理事会”称号，围棋育苗工程准字【2006】第231号。

2012年7月15日受贵港市、桂平市围棋协会的邀请，北海队参加了围棋交流赛，参加队伍有北海市、贵港市、桂平市、玉柴集团4支队伍，北海市围棋协会队夺得第一名。

2012年8月“广西青少年围棋锦标赛”，北海组织118人的队伍分别参加各组比赛：获得定段组个人、团体第一；一段组团体第一；幼儿B组团体第三；4段组个人第六。综合总得分位列第二。

2012年10月5—6日“广西青少年围棋争霸赛”，北海共24人参加，取得幼儿组团体第三。

2012年10月5—6日百色市首届“驰程杯”围棋邀请赛，张坤峰、王恒、廖师安代表北海市参加并夺得团体亚军，其中张坤峰夺得个人赛冠军。

2012年11月19—20日，举行六大城市围棋争霸赛，作为回访南宁、柳州、桂林、钦州，再加上邀请的贵港队，举行了六城市围棋争霸赛。比赛中，南宁一枝独秀，以全胜战绩夺得冠军。北海、桂林、柳州在大分一样的情况下，根据规则，北海、柳州获得第二，依靠对局数多胜的优势，压倒桂林队夺得第三名。

2012年11月23日，我市棋手张坤峰、方灿、周鑫彤、吴远悦前往武宣县参加广西首届全民健身运动会。其中张坤峰、方灿包揽男子组个人冠亚军，张坤峰和周鑫彤则获得混双比赛第五名。

2013年8月，北海市围棋协会会长林如海荣获2009—2012年度全国群众体育先进个人称号。

2013年8月，北海市组织青少年围棋爱好者参加广西青少年围棋锦标赛，夺得4块金牌、2块银牌、2块铜牌，以总分21.5分的成绩名列团体总分第三。

2013年8月，我市张坤峰、王恒代表广西队在桂林参加世界大学生围棋锦标赛与清华大学棋手并列第八名。其中，张坤峰战胜3名中韩职业棋手，个人成绩第十八名。

2013年11月，北海代表队参加广西围棋联赛，甲级荣获第四名，乙级第十名。

2014年1月，南珠宫杯北部湾围棋联赛在北海皇都大酒店举行，参赛队伍共有三省的58支队伍，北海南珠宫队荣获甲级第一。

2014年2月3日，北海市围棋协会棋手参加在广西宜州市举行的迎春杯围棋赛，张坤峰获得个人第二名。

2014年5月31日至6月1日，北海市围棋协会派出以马石职业七段作为随队教练，队员王恒、方灿、张坤峰等北海业余围棋高手组成的最强阵容参加在云南文山举行的“云南大同集团杯”首届云南·广西围棋精英大奖赛。本次赛事，旨在搭建一个围棋运动及文化的交流平台，促进滇、桂两地业余围棋运动的更好发展。滇桂两地棋王、滇桂两省围棋精英尽出，曾勇夺西北七省冠军的云南省名将鲁宏辉也在参赛选手名单之中，使得比赛竞争异常激烈，整体水准堪称西南地区业余赛事之最。最终经过艰苦奋战，北海围棋协会队荣获团体第一名，个人方面王恒、方灿、张坤峰分获第二、第三和第十名。

2014年7月25—27日，由许之恒、梁晨、易广铭代表北海市围棋协会参加第三届香芒杯全国围棋公开赛获得团体第七名。

2014年8月14日，2014年广西青少年围棋锦标赛在北海举行，1500名小选手参加角逐。在这一代表广西青少年最高水平的围棋赛事中，北海小选手取得3个个人冠军，2个团体冠军，城市总分第一。

2014年“南珠宫杯”第8届广西围棋联赛在北海举行。北海秀行教育队获得甲级队第二名。合浦希望之星队获得乙级队第三名，冲甲成功。

2014年12月3日，2014年广西城市围棋联赛在南宁举行，北海队获得团体第三名。

2015年，北海市第一幼儿园、北海市银海区机关幼儿园同时荣获“广西围棋特色幼儿园”称号。

2015年1月2日，“南珠宫杯”第六届中国北部湾围棋联赛在北海举行。北海南珠宫队获得第四名。

2015年2月22日，北海市围棋协会棋手参加宜州市迎春杯围棋赛。张坤峰、王恒、方灿分获个人第一、第四、第六。

2016年3月，承办第七届北部湾围棋联赛，并荣获第二名。

2016年8月1日，第十二届中国西部八省区围棋联赛在宁夏中卫收枰。北海围棋队一行5人代表广西参加角逐，荣获团体第二名。

2016年8月17—21日，北海市青少年围棋队参加南宁市举行的广西青少年围棋锦标赛，取得总成绩第二名。

2016年12月，北海围棋队参加广西围棋联赛，荣获团体第二名。

2017年，北海市第一幼儿园荣获“全国围棋育苗工程重点基地”称号，时任中国围棋协会主席王汝南为幼儿园授匾。

2017年2月，北海棋手参加上海城市围棋联赛嘉年华。北海市弈海清风队在城围联决赛中以1∶2憾负韩国首尔队，获得亚军。

2017年11月13—14日，北海棋手参加第一届泛北部湾城市运动会围棋项目的角逐。将男子个人冠军、女子个人亚军、团体亚军收入囊中。

2017年11月，由中国围棋协会、自治区体育局主办，广西围棋协会、北海市体育局、北海市涠洲岛新绎海洋运动有限公司、甘肃省围棋协会承办的“新绎海洋运动杯”第十三届中国西部八省市围棋邀请赛在北海举行，共有广西、内蒙古、西藏、陕西、青海、宁夏、甘肃、新疆和北海等省市共9支代表队参加。比赛期间还举行了西部地区、民族地区围棋活动座谈会。西藏藏棋推介会，围棋+海洋运动研讨会和棋牌百千万工程学校、幼儿园参观指导活动。通过这些交流活动不仅进一步弘扬围棋文化，推动围棋运动的公益普及和发展，更促进了各民族文化交流，同时全面展示了涠洲岛旅游形象。围棋赛作为“情定涠洲”系列文化活动之一，丰富了涠洲岛旅游文化内涵，以文化搭台促进旅游发展和形象提升，打造“文化涠洲”品牌。本次比赛作为东道主北海队将团体亚军和个人亚军收入囊中。

2017年11月，北海市派出男女最强阵容参加在湛江举行的第一届北部湾城市运动会棋类项目比赛，围棋男子组中我市张坤峰荣获冠军、女子组罗琴和王自云分获亚军和第四名，最终我市获得棋类项目团体亚军的成绩。

2017年12月16—17日，北海棋手参加在玉林举行的广西传统赛事广西围棋联赛并获得甲组第四名的成绩。

2018年4月21—22日，在中安止泊园举办第十五届中国—东盟博览会北海“魅力之城”活动之活力北海体育健康系列活动三月三民族体育系列活动“止泊园酒店杯”第九届泛北部湾围棋联赛·南国手谈社、燕山手谈社交流赛，中安止泊园队获得亚军。

2018年，陈毅爱心围棋教室揭牌仪式在北海市机关幼儿园举行，这是广西第一所陈毅爱心围棋教室，也是全国第35所。中国围棋协会主席林建超、应昌期围棋教育基金会理事长应明皓、中国围棋协会原副主席刘思明、北海市政协副主席杨志远、中国围棋队领队华学明七段、北海市教育局副局长王卫、北海市体育局副局长吴铃令、上海市应昌期围棋教育基金会秘书长倪耀良、台北应昌期围棋教育基金会秘书长姚祥义等嘉宾共同为北海市机关幼儿园（第35号）陈毅爱心围棋教室揭牌。

2018年11月，第十届广西体育节、庆祝自治区成立60周年·广西全民健身运动会在梧州举行。北海市派出林如海、张坤峰、方灿、晏海涛、林长志等参加围棋项目比赛，包揽个人、团体冠军。

2018年，北海市围棋协会派出两支队伍参加12月30—31日在南宁举行的广西围棋联赛，其中北部湾棋院一队获得甲级组第五名，北部湾棋院二队获得乙级组第一名，晋升至甲级组。

2019年4月16日，北海市荣获“全国围棋之乡”称号。

2019年4月20—21日，举办“止泊园·南园”杯第十届泛北部湾围棋联赛，中安止泊园队获得冠军。

2019年6月2日，第九届马来西亚国际围棋公开赛在吉隆坡拉曼大学圆满落幕。由北海市围棋协会牵头，湖北省武汉市、大冶市、鄂州市、英山县，江苏省昆山棋院，北京、甘肃等地棋友和中国围棋报社组成的围棋文化交流团赴马来西亚参加交流及比赛，经过两天的角逐，北海围棋文化交流团收获满满，载誉而归。经过角逐，张坤峰、方灿囊括国际组冠军、亚军，晏海涛五段获得第五名。北海市围棋协会组织代表团赴马来西亚参加围棋文化交流活动，走出了与南海诸国围棋文化交流的第一步，进一步加强了对外文化交流合作。比赛结束后，北海市围棋协会与马来西亚围棋协会签订了《关于推动围棋文化交流活动的友好合作协议》。

2019年8月21日，广西青少年围棋锦标赛在南宁拉开战幕，北海派出159人次参加本次比赛。经过5天激烈角逐，北海队团体方面最终囊括两个冠军和一个亚军，个人方面则斩获1冠3亚1季以及两个第四名、4个第五名、4个第六名、1个第七名、2个第八名、1个第九名以及2个第十名，总得分位列第一的好成绩。

2019年9月7日，全国少数民族围棋大赛在内蒙古阿尔山市开幕。全国各地55个少数民族均派出代表队参加本次比赛。这项赛事的创办，是中国少数民族的一次团结盛会，是连接中华各民族的一条纽带。我市选手方灿代表壮族参加男子组的角逐并获得男子组个人第四名以及团体季军的成绩。

2019年9月19日，北海棋手林如海、张坤峰、方灿、晏海涛、王自云、黄于恬前往田东参加第十四届广西壮族自治区运动会围棋项目比赛。经过4天激烈角逐，最终张坤峰、方灿分别获得公开组男子个人冠军、第四名，在公开女子组中王自云和黄于恬获得第六及第七名。

2019年10月25日，北海组队参加了在神木举行的第十五届西部省区围棋邀请赛。比赛共有10个省市代表队参加，最终北海市荣获团体亚军。

2019年12月14—15日，北海市代表团参加第二届北部湾城市运动会围棋项目比赛，拿下团体冠军。张坤峰夺得男子个人第一名，黄于恬夺得女子个人第一名。

## 二、北海的围棋赛事

（一）泛北部湾围棋联赛

泛北部湾围棋联赛从2009年开始，至今已成功举办10届。有来自8省（区）30个城市的300名队员参加比赛。目前有甲级队18支、乙级队44支，采用升降级制度，甲级队最后4名降为乙级队，乙级队前4名升至甲级队。2018年4月21—22日第九届泛北部湾围棋联赛得到北海市人民政府的大力支持，市长蔡锦军、副市长黄江出席开、闭幕式。

（二）南珠杯全国业余围棋冠军争霸赛

新闻发布会在北京中国棋院召开，黄江副市长亲自带队，成员有苏远信、张实等，现场共有35家媒体报道。

2019年4月16日，由中国围棋协会、北海市人民政府主办，广西围棋协会作为支持单位，北海市旅游文体局、北海市人民政府新闻办公室、北海市围棋协会承办，广西南珠宫投资控股集团有限公司总冠名，北部湾棋院协办的2019年第一届南珠宫·南珠杯全国业余围棋冠军争霸赛在广西北海市南珠宫酒店隆重举行开幕仪式。本次赛事参赛的32强基本囊括了国内现有的业余7段棋手和2018—2019赛季的晚报杯、黄河杯、商旅杯、陈毅杯、国学杯和中国围棋大会正赛冠军，其中业余8段棋手2名，业余7段棋手13名，业余6段棋手16名，业余5段1名，平均段位达到6.5段，是中国围棋协会和北海市政府联合打造的顶级业余围棋大赛。

（三）北海市中小学、幼儿园围棋团体赛

2005年6月创办。比赛由北海市体育局、北海市教育局主办，北海市围棋协会、北海弈海清风围棋俱乐部承办，北海市海城区青少年学生校外活动中心、北海市希望之星围棋培训中心、合浦希望之星围棋培训中心协办。

参赛队伍由北海市各中小学、幼儿园组建，第十七届北海市中小学、幼儿园围棋团体赛于2019年12月1日在北海银滩皇冠假日酒店举行，本次赛事共有北海一县三区的46所园校、87支队伍、481名学生参加。

（四）北海市少儿围棋大赛

创办于2004年10月，每年举办2次，孩子们通过比赛检验半年来的学习水平。2019年11月9日至10日，2019年北海市少儿围棋千人大赛在北海市第二实验学校举行，来自北海市幼儿园、中小学的近千名小棋手，分设10个组别进行角逐，为升级冲段而战。

## 三、参与的重大围棋赛事

随着改革开放的春风，北海经济得到长足发展，围棋也随之走进千家万户的休闲生活中。北海市的围棋人口和水平也随之大幅增长，在这一基础上，北海围棋不断加强与广西兄弟城市之间的交流。

1993年9月北海市围棋协会成立。

1998年北海举办了南珠宫杯业余围棋大奖赛，国内业余围棋精英齐聚北海，业余世界冠军孙宜国、刘钧，全国冠军唐晓宏、李家庆以及各地围棋精英吕三尺、喻平、付利等从各地赶来参加比赛。这次比赛是北海市围棋界第一次举办全国性比赛，也从此开创了北海围棋走出去请进来的历史新篇章。

1999年10月24—30日，在北海市体委指导下，北海市南珠宫集团在1998年的基础上再度携手北海市围棋协会在北海市皇都大酒店举办了“南珠集团天宝杯”第二届全国（北海）业余围棋大奖赛。我市棋手方灿、赵令文、邱庆南、蔡振威、邱灼光、王凯波参加本次比赛。

2004年9月28日，新一届北海市围棋协会成立（北市社证字第152号），同时成立北海市少儿围棋培训中心。

2004年，钦州—北海城市围棋对抗赛举办。

2006年承办第一届“贝因美杯”广西青少年围棋锦标赛。

2007年7月，“金立手机杯”中国围棋甲级联赛举办。

2007年8月，北海围棋夏令营开营。

2007年12月，北海棋手参加广西围棋团体赛。

2008年6月30日，由北海市围棋协会会长林如海担任领队，方灿、林长志、晏海涛、王邵一、蔡振威、邱庆南、程光等队员组成的北海启利漆围棋队参加“贵港玉林城市围棋对抗赛”。北海启利漆围棋队在客场分别以4：3、4：3的比分直落两轮战胜贵港代表队；再以6：1、5：2的比分将玉林队拉下马，取得四战全胜的骄人战绩。

2008年8月，北海围棋夏令营（桂林）开营。

2008年10月17—19日，北海启利漆围棋队在北海长青路广州湾宾馆主场迎战玉林队和贵港队的挑战。为了更全面地进行三地交流赛，本次比赛北海派出方灿、林长志、邱庆南、蔡振威、邓伟愉、王绍一、林如海、杨永瑄、陈明海、潘荫军、何裕、刘阳、赵令文组成的队伍。而玉林围棋队也在原有基础上派出更强大的阵容，贵港队也派出最强阵容。经过激烈角逐，北海队两轮分别以4：3、6：1总比分10：4的成绩战胜贵港队，并分别以4：3以及3：4的总成绩7：7与玉林队握手言和。

2009年5月，“金立手机杯”全国围棋甲级联赛举办。

2010年，“东郡杯”北海市围棋团体赛举办。

2011年，“东郡杯”北海（钦州）市围棋联赛举办。

2011年4月，参加武汉全国少儿围棋论坛。

2011年7月2日，在北海举办的“中安止泊园专场”是围甲华蓝队的第4个主场比赛。

2012年1月2—3日，碧园海语城杯“广西首届北部湾围棋联赛”举办，最终北海围棋协会队获得甲级队冠军。由北海市围协队承办的首届北部湾围棋联赛，来自北海、南宁、钦州、贵港、玉林、北流等多个城市，共16支甲级队和32支乙级队伍进行比赛，参赛人数达到150多人。冠军为北海市围棋协会队，亚军为北海围棋培训中心队，季军为南宁一队。

2012年1月27—28日，北海围棋协会组织最强阵容，在年初五出发北上，与桂林、柳州、南宁等广西传统强队进行交流比赛，通过此次交流达到训练队伍、促进友谊的目的。

2012年5月12—13日，在八小举行一年两度的“北海市少儿围棋大赛”，在最高级别组中，李亦恒、李恒昕分别获得第一、第二名，晋升为4段。

2012年7月，百色举办“首届香芒杯围棋赛”，来自全国各地的高手约100人进行比赛，北海棋手取得不错的成绩。

2012年7月15日，受贵港、桂平围棋协会邀请，北海队参加了围棋交流赛。

2012年8月1日，我市棋手参加在防城港举行的“防城港杯”业余围棋海上争霸赛。

2012年8月，北海组织了118人的队伍参加“广西青少年围棋锦标赛”。

2012年10月5—6日，百色“驰骋杯”举办，北海市围棋协会棋手参加比赛。

2012年10月23—26日，北海市全民健身围棋赛在北海市少儿围棋培训中心举行。

2012年10月27—28日，在实验学校举办“北海市千人围棋大赛”。

2012年11月，职业棋手马晓春九段到访北海。

2012年11月19—20日，举行六大城市围棋争霸赛。

2012年广西城市围棋对抗赛举办。

2012年11月23日，广西全民健身围棋比赛在来宾市武宣县举行，北海棋手参加。

2013年3月，林如海会长与广西围协主席季桂明及广西围协副主席白起一，组成广西围棋代表团，参加中国围棋协会在大连主办的围棋文化论坛。

2013年5月，在北海九中举办北海市围棋协会少儿围棋大赛。

2013年5月8日，北海市围棋协会与防城港市围棋协会签订教育培训合作协议。

2013年6月，在北海皇都大酒店举行北海市中小学、幼儿园团体围棋赛。

2013年8月，制定“北海市围棋协会培训、竞赛管理办法”。

2013年8月，组织北海青少年队参加广西青少年围棋锦标赛。

2013年8月2日，北海代表队前往田东参加第二届“香芒杯”全国业余围棋公开赛。

2013年8月，由北海棋手张坤峰、王恒、舒雷组成的广西队参加在桂林举行的世界大学生围棋锦标赛。

2013年9月，北海派出代表队参加贵阳国际城市围棋邀请赛。

2013年9月28日，第一届北海市“华杰杯”政企名人围棋精英赛在华侨宾馆举行。

2013年10月，在北海九中举行北海市围棋协会定段定级赛，参赛人数780人。

2013年11月，北海代表队参加广西围棋联赛。

2013年11月18日，举行第一届北海市政企名人围棋赛。

2013年11月20日，中国围棋协会副主席黄进先、广西围棋协会副主席白起一到访北海。

2013年12月9—15日，北海市围棋协会会长林如海、副会长林长志受邀参加在云南丽江举行的全国少儿围棋教育论坛并发表讲话。

2013年12月14—15日，北海代表队赴南宁参加广西围棋联赛。

2014年1月，南珠宫杯北部湾围棋联赛在北海皇都大酒店举行，共有3省58支队伍参赛。

2014年2月3日，北海市围棋协会棋手参加在广西宜州市举行的迎春杯围棋赛。

2014年5月10—11日，第二届“招商证券杯”北海市围棋协会少儿大赛在北海九中举行。

2014年5月23日，百色围协到访。

2014年6月，北海市围棋协会派出以马石职业七段作为随队教练，王恒、方灿、张坤峰等北海业余围棋高手组成的最强阵容，参加在云南文山举行的“云南大同集团杯”首届云南·广西围棋精英大奖赛。

2014年7月25—27日，由许之恒、梁晨、易广铭代表北海市围棋协会参加第三届香芒杯全国围棋公开赛。

2014年8月，广西希望围棋教育联盟在北海成立。北海是5个发起理事单位之一。

2014年8月14日，2014年广西青少年围棋锦标赛在北海举行，1500名小选手参加角逐。

2014年9月，北海围协制订与幼儿园合作开展“围棋特色幼儿园”方案。

2014年“南珠宫杯”第八届广西围棋联赛在北海举行。

2014年10月24日，福建福清棋院负责人到访，与我市围棋协会进行交流活动。

2014年10月31日，广西围协副主席杭宁到访，与我市围棋协会进行交流活动。

2014年11月3日，中国围棋协会金同实一行到访。

2014年11月8—9日，“生命人寿杯”2014年北部湾少儿围棋定段定级赛在市第二实验学校举行。

2014年11月14日，新疆棋院院长、广东汕头围协主席周龙到访，与我市围棋协会进行交流活动。

2014年11月，承办第八届“南珠宫杯”广西围棋联赛。

2014年12月3日，2014年广西城市围棋联赛在南宁举行。

2015年1月2日，“南珠宫杯”第六届中国北部湾围棋联赛在北海举行。

2015年2月22日，北海市围棋协会棋手参加宜州市迎春杯围棋赛。

2015年4月，广西围棋协会第四届会员代表会议在北海举行。

2015年4月，广西希望之星围棋教育联盟第一次教学研讨会在北海举行。

2015年4月19—20日，北海举办“南珠宫杯”2015年广西希望之星青少年围棋精英赛/广西希望之星围棋少年王赛。

2015年7月，“尼勒克援疆杯”第十一届中国西部八省区围棋联赛在尼勒克县举行，北海市围棋协会会长林如海带队北海市代表广西参加本次比赛。

2016年2月，北海市围棋爱好者组队参加在宜州市举行的迎春围棋赛。

2016年3月，承办第七届北部湾围棋联赛。

2016年，北海市围棋协会组织31名本市青少年围棋爱好者前往柳州参加广西青少年围棋精英赛。

2016年4月，北海市围棋协会棋手前往广州参加与广东东湖棋院举办的交流活动。

2016年5月，传统赛事北海市少儿围棋大赛在北海市实验学校举行。

2016年6月，湛江围协到访，与我市围棋协会进行交流。

2016年7月2—3日，北海市弈海清风队前往南宁参加城围联开幕暨前三轮比赛，分别对阵澳门金盘软件队、海口银湾队、成都恒泰队。13日城围联北海弈海清风队主场迎战海口银湾队，并举办第二届棋迷接力赛，职业棋手以多面打的形式指导广大爱好者。

2016年8月，北海围棋队一行5人代表广西参加在宁夏中卫市举行的西部八省区围棋联赛。

2016年8月17—21日，北海市青少年围棋队参加南宁市举行的广西青少年围棋锦标赛。

2016年8月27日，北海弈海清风队客场对阵南京苏中建设队。

2016年9月，北海弈海清风队前往澳门客场对阵澳门金盘软件队。

2016年10月，城围联1/8决赛北海队主场在银滩一号举行，北海弈海清风队主场迎战广州桂邕辉队。第二届北海市“我是棋王”青少年围棋赛以及第三届棋迷接力赛同步进行。

2016年10月，北海市围棋协会一行三人前往南宁参加广西围棋协会成立30周年大会。

2016年11月，城围联1/4决赛中，北海弈海清风队客场击败南昌天弈队，成功晋级半决赛。

2016年11月，北海棋手参加在钦州举行的广西壮族自治区全民健身运动会围棋项目比赛。

2016年11月，北海围协林如海会长、李林森副会长受邀参加在宁波举行的少儿围棋教育论坛。北海围协一行3人参加在武夷山举行的围棋教育研讨会。

2016年12月，北海围棋队参加广西围棋联赛。

2017年1月7日，北海市弈海清风队主场战胜广州华夏汇队，成功晋级城围联决赛。

2017年2月，参加上海城市围棋联赛嘉年华，北海市弈海清风队在城围联决赛中以1∶2憾负韩国首尔队。

2017年3月25—26日，在中安·止泊园举办第八届泛北部湾围棋联赛。

2017年3月29—30日，53名本市青少年棋手赴防城港参加广西壮族自治区青少年围棋精英赛。

2017年4月，北海围棋裁判员队伍前往玉林参加裁判员培训及国家级裁判员考试。

2017年5月13—14日，举办2017年北海市少儿围棋定段定级赛。

2017年6月24—25日，北海市弈海清风在南宁参加常规赛，前4轮取得2胜2负。

2017年7月1日，市围协协助北海市弈海清风俱乐部组织城市围棋联赛，常规赛第4、5轮北海市弈海清风（主场）VS广州桂邕。

2017年7月16日，北海市弈海清风（客场）VS南京苏中建设队。

2017年7月26—29日，承办第二十届全国“建行·育苗杯”围棋赛。

2017年8月11日，市围协参加首届中国围棋大会并组织棋手参加三人联棋比赛项目。

2017年8月13日，协助北海市弈海清风俱乐部组织城市围棋联赛，常规赛第8、9轮北海市弈海清风（主场）VS日本大阪队。

2017年8月16—20日，我市组织151名青少年围棋爱好者参加在玉林市举行的广西青少年围棋锦标赛。

2017年9月7日，北海市弈海清风（客场）VS成都想当年队。

2017年9月9—10日，在武汉国际会展中心，北海市弈海清风参加城市围棋联赛2017赛季常规赛闭幕战和季后赛1/8决赛。

2017年11月13—14日，市围协派出棋手代表北海市参加第一届泛北部湾城市运动会围棋项目的角逐。

2017年11月16日，市围协协助北海市体育局和市总工会举办市直机关运动会围棋项目。

2017年11月20—25日，举办“新绎海洋运动杯”第十三届中国西部八省区围棋邀请赛。

2017年11月28日，北海市派出最强阵容前往湛江参加2017湛江—北海城市业余围棋团体对抗赛。

2017年12月16—17日，市围协组队参加在玉林举行的广西传统赛事广西围棋联赛。

2018年1月13—14日，在北京师范大学北海附属中学举办2018年第十五届北海市中小学幼儿园围棋团体赛。

2018年北海市围棋协会组织47名青少年围棋精英参加4月19—20日在玉林举行的广西青少年围棋精英赛。

2018年4月21—22日，在中安止泊园举办第十五届中国—东盟博览会北海“魅力之城”活动之活力北海体育健康系列活动三月三民族体育系列活动“止泊园酒店杯”第九届泛北部湾围棋联赛·南国手谈社、燕山手谈社交流赛。

2018年5月18—19日，北海市弈海清风在柳州参加常规赛，前4轮取得3胜1负的好成绩。

2018年5月26日，北海市弈海清风（客场）VS南京苏中建设队。

2018年5月26—27日，北海市围棋协会举办全国百城千县万乡全民棋牌推广工程2018年北海市少儿围棋大赛。

2018年6月28日，中国西部民族业余围棋邀请赛在呼伦贝尔市举行，共有10个省市代表队参加。其中北海市棋手代表广西参与角逐，并与各兄弟省市进行友好交流。

2018年7月22日，在和安宁春城举办北海湛江业余围棋友谊赛。

2018年7月22日，北海市弈海清风（主场）VS巴黎寰宇上医。

2018年8月，北海市组织青少年围棋爱好者参加8—14日在南宁国际会展中心举行的广西青少年围棋锦标赛。

2018年8月8—15日，在南宁国际会展中心参加城市围棋联赛2018赛季常规赛闭幕战，季后赛1/8决赛，与贵安天元队在南国弈园进行两轮争夺，全胜。

2018年10月4—5日，市围协在北部湾棋院内举办首届“北部湾棋院杯”北海市围棋比赛。

2018年10月22—25日，市围协在北海市富丽华大酒店承办“倡棋杯”“陈毅杯”三番棋决赛。

2018年10月24—25日，2018赛季1/4决赛北海市弈海清风（主场）VS上海中国天楹队。

2018年11月7—8日，北海市围棋协会承办了第15届中国—东盟博览会北海“魅力之城”系列活动北海市第21届职工运动会暨2018年市直机关运动会围棋比赛。

2018年11月23日，市围协组队参加在梧州举行的庆祝自治区成立60周年广西全民健身运动会围棋比赛。

2018年12月8—9日，举办第十五届中国—东盟博览会北海“魅力之城”活动之活力北海体育健康系列活动“北海职业学院杯”2018年北海市少儿围棋千人大赛。

2018年12月30—31日，北海市派出两支队伍参加在南宁举行的广西围棋联赛。

2019年4月13—14日，59名北海市青少年围棋爱好者组队参加在南宁举行的广西青少年围棋精英赛。

2019年4月16—19日，共同举办第一届南珠宫·南珠杯全国业余围棋冠军争霸赛。

2019年4月20—21日，举办“止泊园·南园杯”第十届泛北部湾围棋联赛。

2019年4月，北海市组队参加全国围棋之乡联赛衢州柯城分站赛。在比赛期间对外展示了围棋贝雕。

2019年5月18—19日，举办北海市少儿围棋大赛。

2019年5月25日，北海市弈海清风参加在柳州市柳钢集团举行的揭幕战。

2019年6月30日，北海市弈海清风在昆明参加城市围棋联赛2019赛季常规赛。

2019年8月4日，在银滩一号国际大酒店举行2019赛季第五轮比赛，北海市弈海清风VS武汉中合队。

2019年9月5—6日，在西安大唐西市酒店金色大厅参加城市围棋联赛2019赛季常规赛闭幕战。

2019年10月14—15日，北海市弈海清风参加在贵港覃塘荷美景区进行的城市围棋联赛2019赛季1/4决赛。

2019年10月19日，第十三届全国历史文化名城围棋赛在河北省大名县举行。全国历史文化名城围棋赛是一项弘扬中国传统文化、加强全国历史文化名城之间围棋文化交流、传播推广棋类运动的活动。北海市围棋协会

第一届南珠宫·南珠杯全国业余围棋冠军争霸赛新闻发布会　知方/摄

副会长范豫衡带队与郭伟荣、何裕参加本次比赛。

2019年10月25日，北海市北部湾棋院组队参加在神木举行的首届“神木杯”全国业余围棋团体公开赛。

2019年11月2—3日，城市围棋联赛2019赛季1/2决赛在南珠宫酒店举行，北海市弈海清风VS北京明道队。

2019年12月1日，城市围棋联赛2019赛季总决赛，北海市弈海清风VS南京苏中建设队。

2019年12月14日，参加第二届北部湾城市运动会围棋项目比赛。

2019年12月20日，北海市围棋协会林如海会长参加2019年中韩业余围棋交流赛。

## 四、中央、省市主流媒体聚焦北海围棋活动

近年来，新华网、人民网、光明网、国家体育总局、《体坛周报》、腾讯社、新浪网、弈客围棋、广西广播电视台、《北海日报》以及埃及《中国周报》、印尼《国际日报》等部门及国内外主流媒体聚焦北海围棋赛事活动，累计报道2000多篇（条），广泛地宣传了北海这座城市，极大提高了北海的知名度和美誉度。